PLACE
DE
TOULOUSE.

1851.

DEVIS GÉNÉRAL

DES

OUVRAGES MILITAIRES

A EXÉCUTER DANS LA PLACE DE TOULOUSE , EXCEPTÉ CEUX RELATIFS
A LA CONSTRUCTION DU QUARTIER NEUF D'ARTILLERIE (LASCROSES),

**Auquel devront se conformer l'Entrepreneur et tous ceux qui seront
chargés de concourir à l'exécution desdits Ouvrages,**

PENDANT LES ANNÉES 1852, 1853, 1854, 1855, 1856 ET 1857.

SECTION PREMIÈRE.

CONDITIONS GÉNÉRALES.

CHAPITRE PREMIER.

**Conditions exigées pour le Concours à l'Adjudication et l'Admission à
l'Entreprise.**

ARTICLE PREMIER.

Conditions
exigées pour le Concours.

Nul ne pourra être admis à concourir à l'adjudication s'il n'est Français (*ou s'il est
étranger , sans l'autorisation préalable du Ministre de la Guerre, pourvu qu'il soit légalement
domicilié en France*), et s'il n'a auparavant justifié devant le Maire de sa solvabilité·,
et produit une caution personnelle reconnue elle-même solvable, en se conformant
aux formalités prescrites par le tit. 1er du réglement du 15 novembre 1822, sur les
cautionnements en général.

Chacun des candidats, muni d'un certificat du Maire attestant sa solvabilité et celle
de sa caution , devra se faire agréer pour le concours par le Chef du Génie , lequel
s'assurera de son acquis et de sa capacité dans l'art des constructions.

ART. 2.

Liste des Concurrents.

Avant qu'il soit procédé à l'adjudication, le Chef du Génie ou le Directeur , s'il
est présent , arrêtera la liste des concurrents , et elle sera envoyée au Sous-Intendant
Militaire chargé de passer le marché. Lors de la séance de l'adjudication, chacun de
ces concurrents devra déclarer avoir une parfaite connaissance de toutes les conditions
mentionnées au Devis général.

ART. 3.

Durée du Marché. La durée du marché sera de six années, qui commenceront au 1er janvier 1852, avec la faculté réciproque de résilier à l'expiration du premier ternaire, en se prévenant mutuellement six mois à l'avance ; toutefois, au renouvellement du marché, si l'ancien entrepreneur n'est point adjudicataire, indépendamment des travaux ordonnés au compte du dernier exercice, le Chef du Génie pourra exiger de l'entrepreneur sortant qu'il exécute au compte du nouveau, tous travaux d'entretien et de réparation qui seraient prescrits jusqu'à l'époque où le nouvel entrepreneur entrera en fonctions.

Les travaux dus à l'ancien entrepreneur et exécutés comme il vient d'être dit au compte du nouvel exercice, lui seront payés aux prix de l'ancien marché ; il en sera fait un compte séparé qui sera envoyé au Ministre pour être l'objet d'une liquidation spéciale.

Si l'ancien entrepreneur se rendait adjudicataire, ces travaux seraient payés au prix du nouveau marché.

ART. 4.

Mode d'Adjudication. L'apposition des affiches sera faite un mois à l'avance, sauf le cas d'urgence constaté par le procès-verbal d'adjudication.

Copie du devis et du bordereau des prix ainsi que de l'état des frais présumés de l'adjudication seront déposés, pendant tout le temps des affiches, à la Mairie, chez le Sous-Intendant Militaire et au bureau du Génie, où il sera permis à chacun d'aller les consulter.

L'adjudication sera publique, elle aura lieu par les soins de l'Intendance Militaire, en présence du Chef du Génie et de l'Autorité Civile.

Le jour de l'adjudication et à l'heure fixée par les affiches, les soumissions seront remises au Sous-Intendant Militaire, en séance publique et sous enveloppe cachetée, soit par les soumissionnaires, soit en leur nom.

On devra joindre sous la même enveloppe le certificat d'admission au concours, délivré par le Chef du Génie, l'attestation de solvabilité personnelle et l'obligation solidaire de la caution, pièces mentionnées à l'article 1er.

Les soumissions qui ne seraient pas accompagnées de ces pièces seront rejetées.

Chaque soumission, conforme au modèle ci-joint, portera l'offre d'un rabais unique ou d'une surenchère unique en nombre entier d'unités ou demi-unités pour cent sur l'ensemble des prix portés au bordereau et non sur chacun en particulier.

L'entreprise sera adjugée à celui qui aura fait les offres les plus avantageuses.

L'adjudication ne sera définitive qu'après avoir été approuvée par le Ministre de la Guerre.

Dans le cas où plusieurs soumissions renfermeraient des rabais égaux, l'adjudication sera donnée à celui qui, séance tenante, par une offre nouvelle faite par écrit, consentirait le rabais le plus fort ou l'augmentation la plus faible.

Les augmentations ou les rabais ne seront faits que par unités ou demi-unités, et sur l'ensemble des articles du bordereau.

Modèle de soumission.

Je soussigné, déclare avoir une parfaite connaissance de toutes les conditions du devis des ouvrages à exécuter pour les travaux de la place de Toulouse, pendant les années 1852, 1853, 1854, 1855, 1856 et 1857, et je m'engage à faire lesdits ouvrages, conformément au devis, moyennant un rabais ou une surenchère (spécifier ce nombre en toutes lettres) pour cent, sur les prix fixés au bordereau (ce rabais ou cette surenchère doit être exprimé en nombre entier d'unités ou demi-unités pour cent).

ART. 5.

Frais d'Adjudication. Les frais d'impression ou d'écritures faites à la main pour affiches, les frais de publication, les frais de deux copies du Devis et du Bordereau des prix qui doivent être déposés, avant l'adjudication, l'une à la Mairie et l'autre à la sous-Intendance, et tous les autres frais qui résulteront de l'adjudication, et de plus les frais d'impression du Devis au nombre de quinze exemplaires et du Bordereau des prix au nombre de quarante exemplaires, pour être remis au Bureau du Génie, seront à la charge de l'adjudicataire, et payés par lui aussitôt après la notification de l'acceptation du marché par le Ministre de la Guerre.

ART. 6.

Droits de Timbre et d'Enregistrement. Le procès-verbal d'adjudication sera rédigé sur papier timbré, et il sera soumis au droit fixe d'enregistrement de 2 fr., selon ce qui est prescrit par l'art. 8 du titre 3 de la loi du 15 mai 1850.

Ces frais seront également au compte de l'adjudicataire, qui sera tenu de les payer en même temps que les autres dépenses relatives à l'adjudication.

ART. 7.

Cautionnement matériel, et restitution de ce Cautionnement. L'adjudicataire fournira, soit en numéraire, soit en rentes sur l'Etat, soit en immeubles, un cautionnement qui demeure fixé à *six mille francs*; aussitôt après la notification du marché, l'adjudicataire devra faire connaître en quelles valeurs il compte remplir son cautionnement, et satisfaire aux conditions et formalités prescrites par le réglement du 15 novembre 1822 et par la note du 29 février 1840 sur les cautionnements. Il lui sera accordé pour cela un délai de 3 mois, à moins que par des motifs particuliers dont il sera rendu compte au Ministre de la Guerre, il n'y ait lieu à proroger ce délai. La non-réalisation de cette garantie dans le délai fixé, pourra donner lieu à la résiliation du marché, si le ministre l'ordonne, ou à l'exercice de poursuites dirigées contre le titulaire considéré comme détenteur de deniers publics.

Ce cautionnement sera affecté par privilège à la garantie des intérêts de l'Etat, et secondairement à la conservation des droits des tiers créanciers du service.

La restitution du cautionnement fourni en exécution du présent article, ne pourra être obtenu par l'Entrepreneur qu'un an après la cessation de tous travaux, et, dans tous les cas, après l'apurement des comptes.

CHAPITRE 2.

Obligations et Prérogatives de l'Entrepreneur et de ses Agents.

ART. 8.

Entrepreneur unique. Il ne sera reconnu qu'un seul et unique entrepreneur pour l'exécution des ouvrages dépendant du service du Génie et prévus au Bordereau (autres que ceux du Quartier neuf pour l'artillerie, qui feront l'objet d'un marché spécial et particulier). Ledit entrepreneur, par le fait du marché consenti par lui, regardera les prix qui en résultent et les conditions du Devis comme obligatoires et fesant loi pour lui.

Cas d'impuissance de l'Entrepreneur. En cas d'impuissance de l'entrepreneur constatée, quelle qu'en soit la cause par un rapport du chef du génie transmis et approuvé par le Directeur, le ministre pourra, soit prononcer la résiliation immédiate du marché, soit exiger sa continuation par la caution, qui, dans ce cas, sera tenue de fournir un principal commis suffisamment instruit, lequel sera agréé et au besoin désigné par le chef du Génie.

Cas d'impuissance de la Caution.

En cas de mort ou d'insolvabilité de la caution, l'entrepreneur sera tenu de présenter et de faire agréer, dans le délai de trois mois, bonne et valable caution, sinon M. le Ministre de la Guerre aura droit de résilier le marché, s'il le juge à propos ; ce droit subsistera tant que la nouvelle caution ne sera pas fournie et agréée.

ART. 9.

Résiliation du Marché.

En cas de mort de l'Entrepreneur, le marché cessera de plein droit, à moins qu'il ne soit continué du consentement commun des héritiers et du Ministre de la Guerre ; mais, dans le cas où le marché cesserait, la caution sera tenue de remplir, durant l'espace de trois mois, les obligations qui lui sont imposées par l'article précédent.

ART. 10.

Droits de Patente, de Douane, etc.

L'entrepreneur ne pourra réclamer aucune indemnité pour le droit de patente auquel il est assujetti par la loi, ni pour les droits de douane, d'octroi ou autres.

Il n'aurait droit à indemnité que dans le cas où des matières non encore assujetties aux droits d'octroi, viendraient à en être frappées.

ART. 11.

Résidence de l'Entrepreneur.

L'entrepreneur ne pourra transmettre à un principal commis la conduite et l'exécution de ses travaux que pour cause de maladie, et alors ce suppléant de l'entrepreneur ne pourra exercer ses fonctions qu'après avoir été agréé par le Chef du Génie.

L'entrepreneur sera obligé, pendant le cours de son entreprise, de faire sa résidence habituelle dans la place, et il ne pourra s'en absenter, même pour les affaires de son entreprise, sans la permission du Chef du Génie, chez lequel il sera tenu de se présenter toutes les fois que ce Chef le fera appeler. Les mêmes obligations sont imposées au principal commis qui remplacerait accidentellement l'entrepreneur.

ART. 12.

Travaux à exécuter.

Pendant la durée de son marché, l'entrepreneur sera obligé tant dans la place que dans ses dépendances, de faire exécuter tous ouvrages et de livrer toute fourniture ordonnée par le Ministre de la Guerre sous la surveillance des Officiers du Génie, sauf les exceptions mentionnées à l'article (41) pour les travaux et fournitures non prévus au bordereau.

Il sera obligé pareillement de faire exécuter les réparations, à la charge des corps, dans les casernes, et celles qui seraient à faire par suite des dégradations commises par des individus aux ouvrages dépendant des bâtiments militaires. Toutes ces réparations seront toujours exécutées immédiatement et dans le délai fixé par le Chef du Génie. A défaut, par l'entrepreneur, de satisfaire à cette condition, il subira, sans indemnité, les dommages qui pourront résulter de ces retards.

ART. 13.

Reprise des Matériaux, Outils et Machines de l'Entrepreneur sortant.

Au renouvellement du marché, le Chef du Génie dressera et soumettra à l'approbation du Directeur l'état des matériaux, outils et machines qui pourront être utiles à l'entreprise suivante, et il sera obligatoire pour l'entrepreneur sortant de céder, comme pour l'entrepreneur entrant de reprendre au comptant tout ce matériel dont l'estimation se fera au prix de l'ancien marché pour les objets approvisionnés par ordre et de gré à gré ou à dire d'experts pour tous les autres. Ledit état devra au moins comprendre pour les matériaux tous ceux qui auront été approvisionnés par ordre.

La reprise de tous les matériaux, outils et machines non compris dans l'état précité, ainsi que celle des établissements appartenant à l'entrepreneur sortant, tels que hangars, ateliers, magasins, briqueterie, etc., et autres, ne seront point obligatoires pour le nouveau, et l'administration du génie n'y interviendra d'aucune manière.

ART. 14.

Remise des Locaux. Lorsque l'ancien entrepreneur conservera pour son compte des approvisionnements qui n'auront pas été spécialement ordonnés par le Chef du Génie, et qui se trouveraient dans les magasins dépendants de l'entreprise des travaux militaires ou sur les ateliers à l'époque de l'expiration de son marché, il sera tenu d'évacuer, dans le délai d'un mois, lesdits magasins, chantiers et tous locaux appartenant à l'Etat, de faire partout place nette, et de les remettre en bon état au nouvel entrepreneur. Faute par l'entrepreneur de se conformer à ces dispositions, il y sera pourvu à ses frais.

ART. 15.

Locaux appartenant à l'Etat. L'Etat ne s'engage point à fournir des locaux à l'entrepreneur pour lui servir de magasin ; cependant il lui remettra pour cet usage, mais seulement pour le temps pendant lequel les besoins du service militaire ne s'y opposeront pas, le No 9 de la caserne de la Mission.

ART. 16.

Prêt d'Outils. Le Chef du Génie pourra, en cas d'urgence, sur la demande de l'entrepreneur et avec l'autorisation du directeur, lui prêter les outils existants dans les magasins du Génie. L'entrepreneur sera tenu à l'entretien ; et en outre, pour indemniser l'Etat de la détérioration et du déchet que ces outils auront éprouvés, il sera établi un prix d'estimation pour les ouvrages exécutés dans ces conditions.

ART. 17.

Indemnité aux Locataires des Terrains militaires. L'entrepreneur dédommagera, de gré à gré ou à dire d'experts, les locataires des terrains militaires, dont l'usage serait nécessaire au service de son entreprise, pour l'exécution des travaux ordonnés, et dont la désignation sera faite par le Chef du Génie.

ART. 18.

Réclamations d'Indemnités. L'entrepreneur ne sera jamais en droit de réclamer des indemnités pour les changements, suppressions de canaux, ponts, routes et chemins qui pourraient avoir lieu pendant la durée de son marché, ni en raison des ouvrages dont la construction ou la démolition s'opposeraient à l'usage de ses usines, et à la facilité des débarquements et transports de matériaux nécessaires aux approvisionnements.

ART. 19.

Police des Travaux. L'entrepreneur sera tenu de se conformer, pour l'exécution des travaux, non-seulement aux conditions du devis de son marché, mais encore aux mesures et dispositions qui lui seront prescrites par les Officiers du génie chargés de la direction des travaux, pour les distributions et emplacements d'ateliers, dépôts de matériaux, et généralement pour tout ce qui intéresse ladite exécution.

L'entrepreneur, ses préposés et ouvriers, seront soumis graduellement aux ordres des Officiers et Gardes du Génie, dans tout ce qui concerne l'exécution des ouvrages.

En cas de prétentions pécuniaires ou de sujets de plaintes des uns à l'égard des autres, ils seront tenus, avant de se pourvoir par-devant le juge de paix ou le tribunal civil, d'en référer au Chef du Génie, qui les conciliera, s'il est possible.

Les particuliers non militaires employés aux travaux seront, en cette qualité, soumis à la police de l'autorité militaire; et dans les cas graves qui pourraient exiger l'arrestation d'aucun d'eux, ils seront mis à la disposition de l'officier de police judiciaire compétent.

Art. 20.

Ouvriers
blessés sur les Travaux.

Les ouvriers civils blessés sur les travaux ne seront point admis dans les hôpitaux militaires; mais le Directeur des fortifications pourra faire accorder à ces ouvriers, sur la demande du Chef du Génie et d'après l'autorisation du Ministre de la Guerre, qu'il provoquera à cet effet, une indemnité pour le temps pendant lequel ils n'auront pu travailler et nourrir leur famille. Cette indemnité ne dépassera pas, en général, la demi-journée de l'ouvrier.

Art. 21.

Cas litigieux.

Les Officiers du Génie interviendront toujours, comme arbitres, dans tous les différends entre l'entrepreneur et les ouvriers employés sur les travaux. A l'égard des difficultés qui pourraient survenir sur l'exécution des articles du devis, ainsi que dans tous les cas litigieux entre le chef du Génie et l'entrepreneur, à l'occasion de son entreprise ou de l'exécution des travaux, celui-ci en référera au Directeur des fortifications, à la décision duquel il sera tenu de se conformer, sauf le recours au Ministre de la Guerre.

L'entrepreneur ne pourra jamais suspendre l'exécution d'un ouvrage ordonné, ni différer la fourniture d'aucune espèce d'objet; il exécutera l'ordre du Chef du Génie, et adressera ses réclamations, comme il est dit ci-dessus.

CHAPITRE 3.

Dispositions préparatoires pour l'Ouverture des Travaux.

Art. 22.

Agents
et Moyens de l'Entreprise.

L'entrepreneur sera tenu d'avoir un nombre suffisant de bons appareilleurs, commis et piqueurs intelligents, qui soient en état de l'aider dans la conduite et le mesurage des ouvrages, ainsi que dans les dispositions et les arrangements des ateliers.

Il devra aussi se procurer des charretiers, des chevaux et des voitures, des maçons, tailleurs de pierre, charpentiers, menuisiers, forgerons, serruriers, gazonneurs et autres ouvriers d'art, en assez grand nombre pour pouvoir procéder à une exécution active des travaux et sans interruption, du moment que l'ordre lui en aura été donné.

Il sera particulièrement tenu d'avoir à sa disposition, pendant toute l'année, un chef ouvrier, agréé par le Chef du Génie, pour chaque nature d'ouvrage. Il remettra à cet Officier une déclaration de ces ouvriers, constatant leur engagement à exécuter, dans le moindre délai et de préférence à tous autres travaux, ceux qui leur seront ordonnés pour le service du Génie.

Il lui est expressément interdit de sous-traiter pour les ouvrages de maçonnerie, qui devront toujours être exécutés par des ouvriers travaillant à la journée pour son compte. Les sous-traitants pour les autres ouvrages devront être agréés par le Chef du Génie, qui pourra les révoquer s'il le juge convenable au bien du service. Ils seront considérés comme agents de l'entrepreneur, qui demeurera seul et exclusivement responsable, et qui signera personnellement toutes les pièces relatives à la comptabilité.

Art. 23.

Distribution
des Commis, Ouvriers, etc.

La distribution des commis, chefs ouvriers et piqueurs sera faite par l'entrepreneur et devra être agréée par le Chef du Génie, qui pourra ordonner leur renvoi immédiat et leur changement lorsqu'ils ne seront pas de bonne conduite, assidus au travail et propres au genre d'ouvrage auquel ils seront employés.

Le Chef du Génie aura également la faculté de faire renvoyer et remplacer les ouvriers dont, pour les mêmes motifs, il ne serait pas content.

Art. 24.

État des Ouvrages communiqués à l'Entrepreneur. — Les ouvrages étant ordonnés pour l'année, aussitôt après que l'état des articles d'ouvrages, approuvés par le ministre de la guerre pour être exécutés dans la place, y sera parvenu, le Chef du Génie le communiquera à l'entrepreneur, et lui donnera, *par écrit,* des ordres assez détaillés pour qu'il puisse se pourvoir à temps de tous les objets nécessaires à l'exécution des travaux. On devra assurer les approvisionnements, de manière que le travail une fois commencé, n'éprouve point d'interruption et que les ouvrages soient terminés en temps utile avant la mauvaise saison. Si toutefois quelque circonstance urgente nécessitait une plus prompte exécution, l'entrepreneur emploiera tous les moyens possibles pour ne pas dépasser le délai qui lui aura été fixé.

Art. 25.

Matériel de l'Entreprise. — L'entrepreneur se pourvoira, sans pouvoir prétendre à aucune indemnité, de tous les outils et machines jugés nécessaires par le Chef du Génie. Il fournira également à ses frais les échafaudages, étançons, cintres de voûtes, ponts de service, planches de roulage, hangars pour la confection des mortiers, baraques pour les ouvriers, grands et petits piquets, jalons, guidons, voyants, mètres et autres mesures, cordeaux, règles, équerres d'arpenteur et autres, sondes, maillets, marteaux, clous, tringles et lattes, niveaux d'eau et de maçon, panneaux et modèles, et généralement tout ce qui sera nécessaire pour le tracé, le profilement et l'entière exécution des ouvrages, à l'exception des instruments de mathématiques qui seront fournis par l'administration du Génie.

Les agents et ouvriers nécessaires pour les opérations relatives à la direction et à la conduite des ouvrages entrepris, seront à la charge de l'entrepreneur.

Échafaudages, Ponts, Rampes, etc. — Lorsque des ouvrages devront être exécutés entièrement à l'économie, il sera tenu compte à l'entrepreneur de la main-d'œuvre employée à l'établissement des échafaudages, ponts, rampes, etc.; mais il devra toujours fournir à ses frais les matériaux nécessaires.

Si le travail doit être exécuté partie à l'économie et partie aux prix du Bordereau, la dépense de la main-d'œuvre des échafaudages, ponts, rampes, etc., sera partagée entre l'État et l'entrepreneur, dans la proportion fixée par le Chef du Génie.

Art. 26.

Travaux en retard. — Lorsque par sa faute l'entrepreneur n'aura pas, aux époques fixées par le Chef du Génie, livré les fournitures ou exécuté les travaux, ou partie des travaux qui lui auront été ordonnés, cet Officier aura le droit de les faire livrer ou exécuter au compte dudit entrepreneur en se procurant les ouvriers et matériaux nécessaires et à tous prix. Ces dépenses seront payées par l'entrepreneur avant toutes autres.

En cas de refus de sa part d'acquitter ces dépenses, ou en cas de refus ou d'impuissance constatée tant de l'entrepreneur que de sa caution de continuer l'exécution des ouvrages, il sera établi, sur la proposition du directeur des fortifications et après l'approbation du ministre de la guerre, une gérance suivant les formes ordinaires et aux frais de l'entrepreneur.

Cette gérance pourra disposer de toute la portion à pied d'œuvre du matériel de l'entreprise que le Chef du Génie jugera nécessaire ; elle soldera les dépenses précitées dont l'entrepreneur aurait refusé d'effectuer le paiement.

Si le compte des travaux faits en gérance donnait lieu à une dépense plus forte que celle qui résulterait de l'application des prix ou bordereau, l'entrepreneur serait passible de la différence, et la caution ainsi que le cautionnement seraient également appelés à la couvrir.

Dans aucun cas l'entrepreneur ne pourra bénéficier par suite de la gérance ainsi établie.

Art. 27.

Clôtures provisoires sur la voie publique.

L'entrepreneur élèvera à ses frais des clôtures provisoires sur la voie publique, lorsque cette mesure sera nécessaire. Dans tous les cas, les frais de voirie, et en général tous les frais de police, seront payés par l'entrepreneur, auquel il en sera tenu compte, à l'exception toutefois des amendes encourues par suite de sa négligence.

Art. 28.

Réquisition d'Ouvriers, Voitures.

Lorsque des travaux indispensables exigeront la plus grande célérité, après que les troupes en garnison auront fourni toutes les ressources qu'on en peut attendre, les administrations civiles, d'après la réquisition du Chef du Génie ou du Directeur des fortifications, seront tenues d'employer tous les moyens légalement praticables qui seront en leur pouvoir pour procurer le supplément d'ouvriers nécessaires à l'exécution des travaux. Dans ce cas, le salaire desdits ouvriers sera fixé par les administrations civiles. (*Loi du 10 juillet* 1791, *titre VI, art.* 24.)

Il en sera de même pour les moyens de transport, soit par terre, soit par eau.

Art. 29.

Soldats employés par ordre.

Des soldats pourront être employés, par ordre, au compte de l'Etat ou au compte de l'entrepreneur.

Si les soldats sont employés au compte de l'Etat, ils seront payés aux prix qui seront alloués par le ministre.

Si l'entrepreneur fait les avances, il en sera remboursé de la même manière et avec le même bénéfice que pour les dépenses sèches ; s'il reçoit l'ordre de fournir les outils ou machines, il aura droit à un prix de location fixé à 0 fr. 10 centimes par journée d'ouvrier militaire, quand le travail sera exécuté à la journée, et au 10me du prix de façon, quand ce travail sera exécuté à la tâche.

Si les soldats sont employés par ordre au compte de l'entrepreneur, les travaux qui devront être susceptibles d'être métrés, lui seront payés à des prix d'estimation établis, en tenant compte de la différence entre le prix de la journée allouée aux soldats et celui fixé pour la journée des ouvriers civils, soit que les soldats forment un atelier séparé, soit qu'ils coopèrent avec des ouvriers civils.

Ce dernier mode devra être évité autant que possible. Les dispositions ci-dessus seront applicables aux prisonniers de guerre et autres organisés en travailleurs par le Ministre de la Guerre.

CHAPITRE 4.

Exécution des Travaux et Garantie des Ouvrages par l'Entrepreneur.

Art. 30.

Commencement des Travaux.

A l'époque fixée pour le commencement des travaux, l'entrepreneur devra se trouver parfaitement en mesure pour que rien ne puisse s'opposer à leur développement et à leur entier achèvement en temps utile. Il sera tenu d'avoir, sur chaque atelier un peu considérable, un commis autorisé par lui et par écrit à procéder en son nom, faire droit à toutes les demandes qui pourraient être faites pour le service ; prendre, de concert avec l'Officier du Génie chef d'atelier, les attachements des ouvrages ; assister aux mesurages, tenir et signer les carnets, et enfin suppléer l'entrepreneur dans tout ce qui est relatif au travail.

Art. 31.

Ordre d'exécution du Chef du Génie.

Aucun travail ne sera exécuté que sur l'ordre du Chef du Génie, sans quoi il ne sera pas porté en compte à l'entrepreneur, quelque raison qu'il puisse alléguer.

Les ordres donnés à l'entrepreneur par le Chef du Génie pour l'exécution des travaux, seront inscrits sur un registre spécial qui restera déposé au bureau du Génie. L'entrepreneur apposera sa signature en forme de reçu au bas de chacun de ces ordres, dont il pourra faire prendre copie sans déplacer le registre.

Art. 32.

Attachements.

Aucun ouvrage ne sera commencé avant que les attachements n'en aient été pris, en présence de l'entrepreneur ou de son délégué, par l'Officier chargé des détails de l'article, à moins que cet ouvrage ne soit tel, qu'on puisse en tout temps reconnaître la nature et en vérifier les dimensions sur les lieux.

Malgré cette précaution, qui donne le moyen de connaître les dimensions que l'achèvement des ouvrages ne laisserait plus apparentes, l'Officier fera toujours, de concert avec l'entrepreneur, le métré des fondations, grillages et autres objets semblables, avant qu'ils soient recouverts.

Les attachements seront pris d'abord sur des brouillons, puis rapportés sur un registre destiné à cet usage, et signés par l'Officier du Génie qui les aura pris, et par l'entrepreneur ou son délégué.

Art. 33.

Plans des Ouvrages.

L'entrepreneur devra se conformer aux plans, profils et élévations qui lui seront donnés par le Chef du Génie ; il en suivra les cotes et dimensions, les niveaux, pentes et alignements, et ne pourra s'écarter en rien de ce qui lui sera prescrit dans l'établissement et la construction des ouvrages ordonnés. Les Officiers du Génie chargés des détails feront démolir aux frais de l'entrepreneur ou refuseront tous les ouvrages, de quelque nature que ce soit, qui seraient mal construits, ou dont les dimensions seraient plus fortes ou plus faibles que celles ordonnées, excepté toutefois le cas où il serait reconnu que, malgré l'erreur commise dans les dimensions des ouvrages, il n'y aurait pas d'inconvénient à les laisser subsister ; mais alors ceux dont les dimensions seraient plus fortes ne seront mesurés que suivant les dimensions prescrites, et l'on ne mesurera, au contraire, que suivant les dimensions effectives ceux qui seraient plus faibles qu'il n'a été ordonné. ●

Art. 34.

Qualité des Matériaux.

Tous les matériaux que l'entrepreneur emploiera pour les divers travaux devront être de la meilleure qualité. Tous ceux qui ne seraient pas conformes aux conditions particulières du devis, seront rebutés et enlevés sur-le-champ de l'atelier ; et s'il arrivait que l'entrepreneur en eût déjà employé de mauvais, il serait tenu de défaire l'ouvrage et de le rétablir à ses frais.

Art. 35.

Matériaux à l'Etat.

Les matériaux à l'Etat provenant de démolitions ou autres seront employés, lorsque le Chef du Génie le jugera à propos, de préférence à ceux que l'entrepreneur aurait lui-même en approvisionnement.

Il sera tenu compte à l'entrepreneur du transport à pied-d'œuvre des matériaux à l'Etat. Seront considérés comme étant à pied-d'œuvre, tous les matériaux qui ne seront pas à plus de deux relais du point ou du pied du bâtiment où ils devront être employés.

ART. 36.

Modèles déposés au Bureau du Génie.

Pour éviter toute discussion sur la qualité et la façon des ouvrages de serrurerie, d'ameublement, des ustensiles, etc., l'entrepreneur prendra connaissance des modèles qui seront déposés à cet 'effet dans le magasin du Génie, et il sera tenu de s'y conformer pour l'exécution desdits ouvrages. Toute pièce qui n'y sera pas conforme pour la façon et la qualité des matières, sera rejetée.

L'entrepreneur fera marquer au feu et à ses frais, de la lettre G et de l'année de leur confection, les outils, ustensiles, objets d'ameublement, etc., qu'il fournira. Les marques seront déposées au bureau du Génie, et il ne pourra s'en servir qu'après la réception des objets, en présence d'un Officier ou d'un Garde du Génie.

ART. 37.

Changements faits aux Ouvrages.

Si pendant la construction d'un ouvrage, le Chef du Génie juge à propos d'y faire des changements qui porteraient préjudice aux intérêts de l'entrepreneur, celui-ci aura droit à une indemnité qui sera réglée par le Directeur des fortifications, et soumise par lui à l'approbation du Ministre. Cette indemnité sera réglée seulement en raison des faits accomplis, et ne pourra, dans tous les cas, être basée sur les avantages que l'entrepreneur aurait pu retirer dans la suite, si les changements en question n'avaient pas eu lieu.

ART. 38.

Enlèvement des Echafaudages, Décombres, etc.

A la fin de chaque ouvrage, l'entrepreneur fera enlever à ses frais les échafaudages et ponts qui auront servi aux constructions, ainsi que tous les décombres qu'il fera transporter aux endroits qui lui seront indiqués. Il devra aussi faire boucher à ses frais tous les trous d'échafaudage, combler les rigoles et puisards, et faire partout place nette.

Les décombres provenant des démolitions et autres ouvrages exécutés à la journée ou par économie, seront enlevés et transportés aux frais de l'Etat.

ART. 39.

Prix du Bordereau.

Tous les ouvrages prévus au Bordereau seront payés à l'entrepreneur aux prix qui seront portés, sous les seules exceptions qui peuvent résulter des conditions du marché, et notamment de l'emploi par ordre des soldats sur les travaux, conformément à ce qui est dit à l'art. 30.

ART. 40.

Ouvrages non compris au Bordereau.

Indépendamment des ouvrages prévus par le bordereau, l'entrepreneur sera tenu de livrer les fournitures et d'exécuter tous les travaux qui lui seront ordonnés par le Chef du Génie, d'après le mode qui lui sera prescrit. Ces travaux comprennent ceux qui ne seraient pas énoncés au bordereau : ils peuvent être de deux espèces ; 1º Ouvrages à l'estimation ; 2º Ouvrages à l'économie.

Ouvrages à l'estimation.

1º Les ouvrages à l'estimation sont ceux dont le prix n'étant pas compris dans le bordereau du marché, se règlent à l'avance par le Chef du Génie de concert avec l'entrepreneur, par une analyse spéciale pour une unité de l'objet, à la mesure, au poids ou à la pièce.

Ces prix seront calculés de manière à pouvoir subir les clauses de l'adjudication , et lorsqu'ils auront été approuvés par le Directeur des fortifications, ils seront , avec le consentement de l'entrepreneur , ajoutés à la fin du bordereau, comme articles supplémentaires pour servir au paiement des objets de même nature , pendant la suite du marché.

Ouvrages à l'économie. 2o Les ouvrages à l'économie sont ceux qui sont exécutés au moyen d'ouvriers fournis par l'entrepreneur et travaillant à la journée au compte de l'Etat, soit que l'entrepreneur fournisse au prix du marché les matériaux employés, soit que ces matériaux proviennent de toute autre origine.

Dans les cas exceptionnels relatifs à tous travaux ou fournitures, non prévus au bordereau, le service du Génie se réserve le droit de ne pas employer l'entrepreneur, si bon lui semble, et de traiter avec tout autre entrepreneur ou ouvrier. Dans ce cas, des marchés devront être passés régulièrement et approuvés par le Ministre de la Guerre , les paiements auxquels ils donneront lieu seront effectués sur mandats directs et ne pourront donner droit à aucune indemnité ou rétribution , de quelque nature qu'elle soit, en faveur du premier entrepreneur qui restera tout à fait étranger à ces paiements. Les travaux qui auront donné lieu à des marchés particuliers devront faire l'objet d'une comptabilité distincte.

Art. 41.

Ouvrages à forfait et dépenses sèches. Lorsqu'il ne sera pas possible d'établir à l'avance, par une analyse spéciale , le prix d'un ouvrage dont l'exécution à la journée serait onéreuse à l'Etat, on pourra le faire exécuter à forfait, c'est à dire au moyen d'un prix convenu préalablement, soit avec l'entrepreneur, soit avec les ouvriers qui seront chargés du travail ; dans tous les cas, les prix à forfait seront réglés par le Chef du Génie , approuvés par le Directeur des fortifications ; si la convention a été faite avec l'entrepreneur titulaire, les prix seront établis et le paiement effectué suivant le mode indiqué pour les ouvrages à l'estimation. Si la convention a été faite avec des tiers , les paiements pourront être effectués soit par mandats directs, soit par l'intermédiaire de l'entrepreneur sur feuilles de dépense délivrées par le Chef du Génie.

Ces dernières sortes de dépenses, dites dépenses sèches, dans lesquelles l'entrepreneur intervient principalement comme bailleur de fonds , lui seront remboursées avec un bénéfice de deux pour 100 pour faux frais ; ces feuilles de dépenses ne seront portées en compte qu'autant qu'elles auront été quittancées par les parties prenantes, sur papier timbré pour toutes les dépenses excédant dix francs , et sur papier libre pour les dépenses de dix francs et au-dessous.

Art. 42.

Ouvrages mixtes. Lorsque l'exécution d'un ouvrage exigera l'emploi simultané de plusieurs des moyens définis dans les articles précédents, l'entrepreneur sera tenu de se conformer aux ordres du Chef du Génie pour ledit ouvrage, et il sera payé de chaque nature de travail d'après les règles établies ci-dessus.

Art. 43.

Démolitions aux frais de l'Etat. Toutes les démolitions ordonnées aux bâtiments militaires seront faites aux frais de l'Etat , à qui tous les matériaux quelconques appartiendront, à moins de décisions spéciales pour les cas d'exception.

Les matériaux qui ne seront pas réemployés de suite seront transportés dans les emplacements désignés par le Chef du Génie. Tous les frais de nettoiement, de transport et d'emmétrage seront à la charge de l'Etat.

Art. 44.

L'Entrepreneur en est responsable.

Les démolitions seront faites avec soin, de façon à assurer la conservation des matériaux; l'entrepreneur en sera responsable et paiera ceux qui auront été détériorés par la faute de ses ouvriers. Il en sera de même lorsque, reposant les ferrures, les pierres de taille, les bois, la menuiserie, etc., ces objets auront été brisés ou endommagés par la faute des ouvriers; l'entrepreneur sera tenu au remplacement.

Art. 45.

Travaux pressés les dimanches et jours de fête.

Dans le cas de travaux pressés, le Chef du Génie pourra autoriser l'entrepreneur à ne point les interrompre les jours de dimanches et de fêtes chômées, en ayant soin d'en prévenir le Maire. (*Loi du* 10 *juillet* 1791, *tit. VI, art.* 25).

Art. 46.

Supension des Travaux.

En cas de suspension des travaux pour causes imprévues, telles que la guerre ou la mise en état de siège, l'entrepreneur aura le droit de demander la résiliation de son marché, ainsi que des dédommagements pour la perte ou le non emploi des effets et matériaux qu'il se trouverait avoir en approvisionnement d'après les ordres reçus.

On constatera par un inventaire, certifié par le Chef du Génie, les matériaux enlevés à l'entrepreneur, ou dont la perte pour lui serait une suite nécessaire de la suspension des travaux.

L'estimation de ces objets sera faite d'après les prix du marché, ou à dire d'experts, s'il y a lieu, et sera soumis à l'acceptation du Ministre pour en assurer le paiement.

Art. 47.

Achèvement des Travaux et garantie des Ouvrages.

L'entrepreneur rendra faits et parfaits, à l'époque qui sera fixée par le Chef du Génie, en raison des localités, tous les ouvrages qui lui auront été ordonnés pendant la campagne; il garantira ces ouvrages jusqu'au 31 décembre de l'année qui suivra l'exercice sur lequel ils ont été exécutés. Cependant, les avaries qui proviendraient, soit de la nature du terrain, soit de l'effet de toute autre cause majeure, ne seront point à la charge de l'entrepreneur, à moins qu'il ne fût prouvé qu'il s'est écarté des ordres qui lui auraient été donnés par l'Officier du Génie, chef d'atelier.

CHAPITRE 5.

Mesurage des Ouvrages, Comptabilité et Paiement des Travaux.

Art. 48.

Mesures métriques.

Tous les ouvrages et toutes les fournitures quelconques seront mesurés et évalués d'après les mesures métriques.

L'entrepreneur ne pourra, dans aucun cas, se prévaloir des méthodes particulières connues sous le nom d'usages, et il se soumettra, pour tous les mesurages, aux règles établies dans les conditions particulières pour chaque nature d'ouvrage.

Art. 49.

Pesée des Métaux.

L'entrepreneur ne pourra employer aucuns métaux, sans que la pesée n'ait été exactement faite en présence de l'Officier du Génie chargé du détail, ou d'un Employé du Génie désigné par lui. Si l'entrepreneur néglige de remplir cette formalité, il ne pourra réclamer le paiement des objets fournis.

ART. 50.

Mesurages faits par les Officiers du Génie.

Les mesurages seront faits par les Officiers du Génie eux-mêmes et inscrits en présence de l'entrepreneur ou de son commis. On ne s'astreindra point à les diviser en parties correspondantes aux semaines ni aux mois pendant lesquels les ouvrages auront été exécutés ; mais on en formera, au contraire, des parties aussi grandes que la géométrie pourra le permettre, afin d'éviter des détails inutiles. L'entrepreneur ne pourra, en aucun cas, demander que les Officiers chefs d'atelier fassent des mesurages partiels pour servir à régler le paiement des ouvriers. Ces mesurages devront être faits par l'entrepreneur ou ses commis, au fur et à mesure de l'achèvement des portions d'ouvrages entrepris pas ces ouvriers.— Les mesurages seront faits en présence de l'entrepreneur ou de son commis, prévenu à cet effet par un ordre écrit : faute par lui de se présenter, il sera passé outre, et l'entrepreneur ne sera plus admis à faire des réclamations sur les mesurages.

ART. 51.

Inscription sur les Carnets.

Tous les éléments qui pourront servir à établir la comptabilité des travaux, seront inscrits, jour par jour, par les Officiers du Génie chargés des détails, et par l'entrepreneur ou ses commis, sur leurs carnets respectifs. Ces inscriptions devront comprendre les journées d'ouvriers, de voitures et autres ; les métrés de toute espèce ; les objets à la pièce ou au poids ; les ouvrages à l'estimation ; ceux exécutés à prix faits ou à l'économie ; les fournitures diverses ; les dépenses sèches et généralement tous les objets de dépense relatifs aux travaux.

Les métrés des ouvrages seront faits en présence de l'entrepreneur ou de son délégué, et rapportés sur les carnets, où ils seront indiqués seulement par leurs dimensions et calculs faits, mais sans application des prix. La nature de l'ouvrage, le point où le mesurage aura été pris, le jour où il aura été fait et toutes les autres circonstances du travail, seront désignés avec soin et clarté.

Les journées d'ouvriers, de voitures et autres seront portées sans application de prix. Le nombre (*en toutes lettres*), l'espèce, l'emploi et la date des journées seront bien spécifiés.

Les objets à la pièce ou ceux au poids, dont le Bordereau fait mention, seront inscrits, également sans application de prix. Le nombre ou le poids, la qualité et l'emploi seront clairement désignés.

Les ouvrages à prix faits seront portés en toutes lettres. On spécifiera succinctement en quoi consistent ces ouvrages, le montant de la dépense qui en sera résultée et les motifs qui auront empêché de les exécuter au prix du marché.

Les dépenses sèches seront inscrites en toutes lettres. On aura soin d'indiquer l'emploi, le montant et la date de la dépense.

L'entrepreneur ou le commis chargé par lui de la conduite d'un atelier, signera, chaque dimanche, à la suite des inscriptions faites pendant la semaine, au carnet de l'Officier du Génie.

L'entrepreneur devra dès-lors présenter les réclamations et observations qu'il croirait avoir à faire dans son intérêt et avant que ce carnet n'ait été relevé au registre de comptabilité. Son silence sera considéré comme un signe d'assentiment au contenu dudit carnet, sauf les erreurs de quantités ou omissions susceptibles d'être constatées postérieurement.

ART. 52.

Inscription sur le Registre de Comptabilité.

L'entrepreneur signera, à chacune des époques fixées par le Chef du Génie, l'arrêté de chaque article de dépense au registre de comptabilité, en même temps que l'Officier du Génie chargé du détail de cet article. S'il refusait de le faire, le Chef du Génie

4

l'inscrirait en note, et on passerait outre, sauf à l'entrepreneur à adresser sa réclamation à qui de droit.

On transcrira sur ce registre de comptabilité tous les objets de dépense inscrits sur les carnets des Officiers. Les ouvrages de même nature y seront réunis en masse, et l'on y appliquera, pour les dépenses au prix du marché, les prix primitifs du Bordereau; pour les dépenses à l'estimation, les prix résultant des analyses spéciales, et pour les dépenses sèches, les prix portés sur les carnets et sur les feuilles de dépense.

Les mesurages seront enregistrés avec leurs dimensions et application des prix du Bordereau. Dans les calculs, on poussera les produits à deux décimales pour les surfaces, et jusqu'à trois décimales pour les solides. Les journées de même espèce, employées au même objet, seront inscrites en masse. Les objets à la pièce et ceux au poids seront également portés dans l'ordre du carnet, en ayant l'attention de réunir les objets pareils répétés dans le carnet et employés au même détail d'ouvrages.

Quant aux dépenses sèches, elles ne seront portées sur le registre de comptabilité que lorsque les feuilles de dépense, dûment visées et acquittées, auront été remises par l'entrepreneur au Chef du Génie. Toute pièce de ce genre qui serait dépourvue de ces formalités, sera rejetée et restera pour le compte de l'entrepreneur.

Les rabais et additions de bénéfice stipulés par le marché se feront sur les totaux, à chaque arrêté du registre de comptabilité.

Dans les produits provenant, soit de la multiplication des dimensions, soit de l'application des prix aux totaux, et généralement dans tous les résultats numériques de la comptabilité, on laissera la dernière décimale à écrire conforme au calcul, si le chiffre suivant est au-dessous de 5; mais si ce chiffre est 5 ou plus grand que 5, on augmentera la dernière décimale d'une unité.

Art. 53.

Registre de Comptabilité de l'Entrepreneur.

L'entrepreneur pourra avoir, s'il le juge à propos pour sa garantie, un registre de comptabilité en tout semblable à celui qui est tenu par le Chef du Génie, mis à jour, arrêté et signé par ce dernier aux mêmes époques. Le registre de l'entrepreneur sera coté et paraphé par le Chef du Génie.

Art. 54.

Ouvrages non conformes au Devis.

Si un ouvrage terminé ne renfermait pas toutes les façons ou matériaux qu'il devrait comprendre d'après les conditions du présent Devis, et que cependant le Chef du Génie jugeât à propos de l'admettre, le prix des façons ou des matériaux manquants serait déduit de celui de l'ouvrage, d'après ce qui est établi dans l'analyse et le marché relativement à ces objets.

Le prix des ouvrages comprendra toujours celui de la pose et de toutes les fournitures qu'elle nécessite, à moins que les conditions du marché ne fassent mention du contraire.

Art. 55.

Écritures des Comptes d'exercice à la charge de l'Entrepreneur.

Seront à la charge de l'entrepreneur, les écritures indiquées ci-après des comptes d'exercice qui doivent être établis après la clôture définitive des travaux, ainsi que la fourniture des imprimés nécessaires :

1º Le réglement général et définitif en trois expéditions ;

2º Un extrait du Bordereau des prix ou un exemplaire imprimé de ce Bordereau, indiquant le rabais résultant de l'adjudication, ainsi que les plus-values allouées par les conditions générales ou particulières, et le bénéfice accordé par les dépenses sèches;

3º Le compte sommaire en quatre expéditions.

Les minutes de ces diverses pièces de comptabilité seront rédigées par les soins du Chef du Génie, conformément aux instructions ministérielles. Les copies faites au compte de l'entrepreneur seront écrites proprement et correctement sur papier tellière, et signées par lui, suivant ce qui est prescrit par lesdites instructions.

Une des expéditions du compte sommaire sera soumise au droit du timbre, suivant la dimension du papier. Ce droit sera à la charge de l'entrepreneur.

ART. 56.

Paiement des Ouvrages. Les paiements seront faits à l'entrepreneur au fur et à mesure de l'avancement des ouvrages et de la remise des fonds chez le Payeur du trésor public. Il ne sera tenu d'être en avance que du quart de la dépense à faire dans l'année pour l'exécution des ouvrages ordonnés, sans y comprendre la dépense faite en approvisionnements généraux.

Les à-compte payés avant liquidation ne pourront excéder, pour les travaux ordinaires, les cinq sixièmes, et pour les travaux extraordinaires, les onze douzièmes de la dépense faite (*non compris les approvisionnements généraux*).

Les mandats délivrés pour les à-compte par le Directeur des fortifications seront soumis au droit de timbre de 0 fr. 35 c. (Décisions du ministre des finances, des 17 mai 1825 et 24 juillet 1826), qui sera à la charge de l'entrepreneur

Le paiement pour solde n'aura lieu qu'après l'apurement de la comptabilité par le Ministre de la Guerre.

ART. 57.

Délai fixé pour les Réclamations. Les quatre articles ci-après, extraits des décrets du 13 juin et du 12 décembre 1806, et qui sont encore en vigueur pour les réclamations de liquidation des dépenses du Ministre de la Guerre, et pour les discussions relatives au paiement de fournitures entre les entrepreneurs et leurs sous-traitants, préposés ou agents, sont applicables aux entrepreneurs de travaux du Génie et à leurs commis, chefs ouvriers, ouvriers et fournisseurs, autant que le comporte le mode de reddition des comptes du service du Génie, et les relations autorisées par le présent devis entre l'entrepreneur et tous ses divers employés ou fournisseurs.

Décret du 13 juin 1806, tit. II. — ART. 3. «A l'avenir, toutes réclamations
» relatives au service de la guerre ou de l'administration de la Guerre, dont les pièces
» n'auront pas été présentées dans les six mois qui suivront le trimestre où la dépense
» aura été faite, ne pourront plus être admises en liquidation. »

Décret du 12 décembre 1806. — ART. 1er. «Tout sous-traitant, préposé ou
» agent d'une entreprise soumise aux dispositions de notre décret du 13 juin 1806,
» qui, à dater de la publication du présent, se croirait fondé à ne pas remettre les
» pièces justificatives de ses fournitures à l'entrepreneur principal dans les délais fixés
» par ce décret, pour n'avoir pas été payé de son service par le traitant, devra les
» déposer dans les mêmes délais entre les mains du commissaire ordonnateur (1) de
» la division militaire, qui lui donnera en échange un bordereau certifié constatant
» le nombre et la nature des pièces versées, ainsi que l'époque et la quotité des four-
» nitures dont elles justifient.

» ART. 2. Les bordereaux délivrés en exécution de l'article ci-dessus par les com-
» missaires ordonnateurs (1), aux sous-traitants, préposés ou agents, auront pour

---

(1) Il est bien entendu que, pour le service du Génie, les Directeurs des fortifications rem-placent les Commissaires ordonnateurs.

» ceux-ci, lorsqu'ils les présenteront aux tribunaux, la même valeur que les pièces
» dont la remise aura été faite ; et lorsqu'ils les présenteront au trésor public, ils
» leur tiendront lieu d'opposition, tant sur tous les fonds que le gouvernement pour-
» rait redevoir aux entrepreneurs pour leurs fournitures, que sur le cautionnement que
» le Ministre aurait exigé desdits entrepreneurs, sauf les droits du gouvernement,
» et ce, nonobstant toute cession ou transfert qui aurait été fait par les entrepreneurs.
» Le trésor public recevra les oppositions des sous-traitants porteurs des bordereaux
» arrêtés par les ordonnateurs (1). Ils auront un privilége spécial sur les sommes à
» payer aux entrepreneurs, jusqu'à concurrence du montant de ce qui leur sera dû
» pour les fournitures comprises auxdits bordereaux.

» ART. 3. Les sous-traitants, préposés ou agents qui ne se seront point conformés
» aux dispositions des articles précédents, encourront la déchéance voulue par notre
» décret du 13 juin. En conséquence, les pièces justificatives des fournitures qu'ils
» auraient faites en cette qualité, ne pourront leur servir de titre à aucune réclamation
» contre qui que ce soit. »

---

(1) Il est bien entendu que, pour le service du Génie, les Directeurs des fortifications rem-
placent les Commissaires ordonnateurs.

SECTION DEUXIÈME.

CONDITIONS PARTICULIÈRES.

CHAPITRE PREMIER.

JOURNÉES.

ART. 58.

Durée de la Journée. Les journées d'ouvriers de toute espèce, celles de voitures et bêtes de trait ou de charge, de bateaux, ustensiles, engins, et de tous les objets à l'usage des travaux susceptibles de location à la journée, seront de dix heures de travail effectif, non compris les temps de repos. Les fractions de journées seront comptées par heure ou dixième de journée; de sorte que, quelle que soit la durée du travail effectif, elle devra toujours être rapportée à la journée de dix heures. Néanmoins, les chefs ouvriers ou conducteurs, dont les journées seront payées à un prix plus élevé que celles des simples ouvriers, recevront, dans tous les cas, le prix de la journée de dix heures porté au Bordereau, et seront tenus d'être présents aux travaux et aux ateliers tout le temps qui sera exigé.

Toute fraction de journée moindre qu'une heure sera comptée pour un dixième de journée. Au-dessus d'une heure, les fractions plus petites qu'une demi-heure seront négligées, et celles d'une demi-heure et au-dessus compteront pour une heure.

Fourniture d'Outils. Le prix de la journée comprendra le salaire de l'ouvrier, la fourniture, l'affutage et l'entretien de ses outils, ainsi que la fourniture et le transport des agrès et ustensiles nécessaires pour le travail auquel s'appliqueront les journées.

Travail de Nuit. Le travail de nuit sera payé un quart en sus du travail du jour. Les frais d'éclairage seront à la charge de l'Etat; mais l'entrepreneur fournira sans indemnité les lanternes, lampes et autres ustensiles qui seraient jugés nécessaires par le Chef du Génie.

Lorsqu'on exécutera de nuit des travaux qui seront susceptibles d'être métrés et payés au prix du Bordereau, il sera tenu une note exacte de la main-d'œuvre, dont un quart sera alloué à l'entrepreneur à titre de plus-value.

L'entrepreneur ne fournira à la journée que des ouvriers capables de bien exécuter le travail ordonné, dont il sera responsable, comme de ceux faits au métré, et en cas de mauvaise exécution, le travail sera démoli et reconstruit à ses frais, la perte des matériaux tombant à sa charge.

ART. 59.

Journées de Voitures. Dans les journées de voitures ou de tombereaux, quel que soit le nombre de colliers, on comprendra toujours la journée d'un conducteur. L'entrepreneur devra fournir les voitures bonnes, solides et propres à l'espèce de transport auquel elles seront employées. Il les tiendra en bon état, ainsi que les harnais, et il sera chargé du graissage des roues.

Charge des Voitures. La charge pour chaque espèce de voiture est fixée ainsi qu'il suit, tant pour la plaine que pour la montée au vingtième. Si les transports se font sur de bons chemins, la charge sera de sept cent cinquante kilogrammes par collier en plaine, et de cinq cents kilogrammes également par collier pour la montée. Lorsque les transports auront

5

lieu à travers champ, la charge sera de six cents kilogrammes en plaine et de quatre cents en montée. Si les charges étaient moindres que celles ci-dessus fixées, il serait fait sur le temps du travail une déduction proportionnelle à la diminution de la charge.

ART. 60.

Machines et Engins.

Lorsque les machines à épuiser, machines à battre les pilots et autres engins seront fournis et transportés sur l'atelier par l'entrepreneur, il lui sera payé par l'État un prix de location à la journée. L'entrepreneur devra les entretenir en bon état ; il sera responsable du chômage des machines et des ouvriers dont le travail aurait été suspendu, soit par la non réparation de ces dernières, soit par toute autre cause qui pourrait être attribuée à la négligence de l'entrepreneur ou à celle de ses commis et maîtres ouvriers.

CHAPITRE 2.

OUVRAGES DE TERRASSEMENT.

Déblais, Remblais et Transport des Terres.

ART. 61.

Tracé et Profil des Ouvrages.

L'entrepreneur, conformément aux ordres de l'Officier du Génie chargé de la conduite d'un atelier, et d'après les dessins qui lui seront remis, fournira et fera planter, à ses frais, pour les ouvrages ordonnés, les perches, piquets, etc. ; il fera poser et clouer les tringles pour régler le déblai et le remblai des terres, en suivant les alignements, talus, pentes et niveaux déterminés par les plans et profils des ouvrages indiqués par l'Officier ou Employé du Génie qui assistera au tracé ; il ne pourra enlever ces objets, après le travail fait, sans y être autorisé.

ART. 62.

Outils de Terrassiers.

Les outils de pionniers et de terrassiers, les brouettes, camions, tombereaux, paniers, bourriquets et autres moyens de transport, les planches et madriers nécessaires pour le roulage des terres, seront entièrement aux frais de l'entrepreneur, ainsi que les ponts et rampes sur tréteaux ou chevalets que pourraient nécessiter momentanément des ruisseaux, fossés et autres accidents de terrain qui se rencontreraient dans la ligne de roulage ou de transport des déblais. Si l'entrepreneur refusait d'établir ces moyens de communication, les relais seraient mesurés comme si ces ponts et rampes existaient. Néanmoins, cette obligation pour l'entrepreneur d'établir à ses frais les ponts et rampes de services, ne s'étendra qu'aux ponts et rampes dont la dépense ne sera pas trop considérable. Le Chef du Génie décidera dans quels cas ils resteront aux frais de l'entrepreneur et dans quels cas leur plus grande importance et la plus longue durée qui devra leur être conservée, devra les faire ranger, suivant l'art. 17 ci-après, dans les travaux au compte de l'État.

ART. 63.

Déblais.

Les déblais se feront, autant que possible, par couches égales de 1 m 00 ou 1 m 50 de hauteur ; les terres seront coupées à plomb, en talus ou avec banquettes, suivant les circonstances et d'après les ordres de l'Officier chef d'atelier, en observant de ne pas asseoir immédiatement les banquettes sur le plan des talus, mais de laisser du large pour bien les façonner. Les emplacements et les dimensions des rampes seront désignés par l'Officier du Génie.

Les talus exécutés dans les déblais seront soigneusement dressés suivant les plans et surfaces indiqués par l'Officier du Génie et les recoupes enlevées ; le tout aux frais de l'entrepreneur, et sans qu'il puisse réclamer aucune indemnité pour cet objet. Si l'entrepreneur excède les tracés du déblai, il ne lui sera mesuré et compté que la partie qui avait été ordonnée et il sera obligé de remblayer à ses frais le vide excédant et de damer les terres, si l'Officier du Génie le juge convenable.

Lorsque dans les déblais il arrivera des éboulements par défaut de précaution de la part de l'entrepreneur, ils seront relevés à ses frais et il sera tenu de fournir et faire placer les étressillons nécessaires.

ART. 64.

Etressillons et Etançons. Si les terres excavées sont de nature à exiger des étressillonnages ou étançonnements provisoires, ces travaux seront faits par économie, et autant que possible, avec des bois tirés des magasins du Génie ; s'il n'y en a point de disponibles, l'entrepreneur en fournira et recevra l'indemnité qui sera fixée pour cette espèce de travail. (*Voir aux ouvrages de charpente.*)

ART. 65.

Matériaux trouvés dans les Déblais. Tous les matériaux, de quelque nature qu'ils soient, qui se trouveront dans les déblais, appartiendront à l'Etat ; et lors du mesurage, leur volume ne sera pas déduit du vide total, ni pour le déblai, ni pour le transport, moyennant quoi l'entrepreneur sera tenu à l'arrangement desdits matériaux.

ART. 66.

Nature des Déblais. Toutes les fois qu'un déblai devra être fait, l'Officier du Génie chargé de la conduite du travail déterminera d'abord, par expérience et de concert avec l'entrepreneur, quelle est la nature de la terre à déblayer, c'est-à-dire si elle peut être chargée en l'enlevant immédiatement au louchet ou à la pelle, sans le secours d'un piocheur ; ou, dans le cas contraire, combien il faut de piocheurs pour fournir la terre meuble à un chargeur, de manière que ce dernier puisse travailler sans interruption.

De cette manière, les diverses espèces de terre seront distinguées entr'elles par le nombre d'hommes nécessaires à l'extraction de chacune d'elles : la terre à *un homme* sera celle qui peut se fouiller immédiatement à la pelle ou au louchet, sans exiger l'emploi de la pioche ; la terre exigeant un piocheur pour deux chargeurs sera de la terre à *un homme et demi* ; celle pour laquelle il faudra un piocheur pour un chargeur sera de la terre à *deux hommes*, et ainsi de suite en ne comptant pas d'autre fraction que celle d'un demi-homme.

ART. 67.

Détermination des Prix des Déblais. Toute espèce de déblai sera mesurée et payée au mètre cube. Le prix du mètre cube de déblai de la terre à un homme étant donné par le Bordereau pour les différentes circonstances qui pourront se présenter, ainsi que l'augmentation à allouer dans chaque cas particulier pour un homme en sus à la fouille, en déterminera le prix de toutes les espèces de déblais en ajoutant au prix de la fouille et du chargement d'un mètre cube de terre à un homme, le prix alloué dans la même circonstance pour un homme en sus à la fouille, en le multipliant successivement par 0,5 pour la terre à *un homme et demi* ; par 1 pour la terre à *deux hommes* ; par 1,5 pour la terre à *deux hommes et demi* ; par 2 pour la terre à *trois hommes*, etc.

Lorsque les mouvements de terres sur un même point seront trop peu considérables pour permettre une organisation régulière du travail, l'entrepreneur aura droit, tant pour le déblai que pour les transports, à une augmentation de prix fixée comme il suit :

1º Pour les déblais au-dessous de 10 mètres cubes, 1/5 en sus des prix fixés au Bordereau ;

2º Pour les déblais de 10 mètres cubes et au-dessus, jusqu'à 50 mètres cubes exclusivement, 1/10 en sus des prix du Bordereau.

Art. 68.

Détermination de la nature des Déblais.

Lorsqu'on aura une terre quelconque qui ne sera pas susceptible d'être fouillée immédiatement à la pelle ou au louchet, et sur la nature de laquelle l'Officier du Génie et l'entrepreneur ne seront pas d'accord, on en déterminera l'espèce par expérience, de la manière suivante :

L'Officier du Génie prendra un homme de confiance fort et habitué au travail de la terre ; il le fera piocher dans le terrain désigné pendant un espace de temps dont il tiendra exactement note ; ensuite l'entrepreneur placera sur le même terrain un ouvrier de son choix et lui fera charger avec une pelle, dans des brouettes, toute la terre piochée par le premier homme ; on observera de même le temps employé par ce second ouvrier, et le nombre de fois que le temps employé par le piocheur contiendra le temps employé par le pelleur, fera connaître le nombre de piocheurs que cette terre exigera pour que le chargeur puisse travailler sans interruption ; il suffira ensuite d'ajouter 1 à ce rapport, pour tenir compte du chargeur, et l'on aura en nombres l'expression de la nature de la terre.

En effet, si ce rapport est égal à l'unité, c'est-à-dire si le piocheur a employé le même temps que le chargeur, cela indiquera que le chargeur ne pourra travailler sans interruption qu'autant qu'il sera constamment aidé par un piocheur. Cette terre sera donc à *deux hommes*. Si ce rapport est *deux*, c'est-à-dire si le piocheur a employé deux fois autant de temps que le chargeur, c'est une preuve qu'il faudra deux piocheurs pour un chargeur, et dès lors la terre sera à *trois hommes*, etc. Si le rapport n'est pas exprimé en nombres entiers, les fractions plus petites que $0^m 25$ seront négligées, et celles plus grandes que $0^m 25$ compteront pour $0^m 50$.

Ce mode de détermination du nombre d'hommes nécessaires à la fouille s'appliquera à toutes les terres, sable, gravier, tuf, et même au roc tendre, si le Chef du Génie juge à propos de le faire extraire sans l'emploi de la poudre.

Le premier mode de chargement est le chargement dans une brouette, un panier ou une civière, ou le dépôt à longueur de bras sur le bord de l'excavation ; le second est le chargement dans un camion, un tombereau, une hotte ou des paniers sur une bête de somme, le jet à la pelle à la distance de 2 mètres au moins et 4 mètres au plus ; enfin, le dépôt sur une berge élevée de $1^m 60$ au-dessus du terrain de l'excavation.

Art. 69.

Déblais dans l'Eau.

Il est établi au Bordereau un prix de plus-value pour les déblais dans l'eau. On entendra par déblai dans l'eau celui qui sera exécuté sur un terrain couvert d'eau, et non celui qui serait fait sur un terrain ayant été submergé ; mais dont on obtiendrait l'épuisement au compte de l'Etat.

Si, au lieu de travailler effectivement dans l'eau, l'entrepreneur préfère établir à ses frais des moyens d'épuisement, le déblai lui sera néanmoins compté comme ayant été exécuté dans l'eau.

Le prix du déblai dans l'eau ne pourra être appliqué que lorsque la hauteur d'eau ne dépassera pas $0^m 25$; au-delà de cette hauteur, les prix seront établis à forfait, ou bien le travail sera exécuté à l'économie.

ART. 70.

Transport des Déblais. L'entrepreneur sera tenu de faire transporter les terres provenant des déblais aux lieux indiqués par l'Officier du Génie ; il se conformera aux ordres qui lui seront donnés pour les moyens de transport à employer, tels que le roulage à la brouette ou au tombereau, le jet à la pelle de distance en distance ou d'étage en étage, le transport à la civière ou au panier, suivant la distance, la nature du déblai et les accidents de localité. Lorsque les déblais devront être déposés à une distance horizontale qui n'excèdera pas 2 mètres de longueur, ou jetés à une distance verticale qui sera moindre que 1 m 60, ils seront jetés à la pelle de la première main, et considérés simplement comme fouille ordinaire. Lorsque les terres seront remaniées d'étage en étage à la pelle, si on laisse des banquettes dans le terrain, leur talus variera suivant la consistance des terres.

ART. 71.

Longueur du Relais. L'unité de distance ou le relais sera le même, quel que soit le procédé qu'on emploie pour le transport des déblais. Ce relais sera de 30 mètres en plaine, en descente ou sur un terrain moins incliné que le douzième, et de 20 mètres seulement sur une rampe inclinée au douzième, ce qui comporte une hauteur verticale de 1 m 60 ; de sorte que, pour les relais en rampe, il sera indifférent de mesurer la distance parcourue et de compter un relais pour chaque espace de 20 mètres en rampe au douzième, ou de compter un relais pour chaque hauteur de 1 m 60 dont on élèvera le déblais.

ART. 72.

Planches de Roulage. Il sera établi un prix particulier pour le roulage des brouettes sur madriers ou planches. Ces objets, ainsi que le sable dont on doit les recouvrir dans les temps humides, seront fournis par l'entrepreneur lorsque l'Officier du Génie en aura reconnu la nécessité. Si l'entrepreneur les employait sans ordre, il ne lui en serait pas tenu compte.

ART. 73.

Ponts et Rampes au compte de l'État. Lorsque le Chef du Génie jugera à propos, pour la plus prompte exécution des mouvements de terre, de faire établir des ponts ou rampes, ces ponts ou rampes seront établis aux frais et pour le compte du gouvernement ; mais l'entrepreneur sera responsable des dégradations qui pourraient y être faites par ses voitures et ouvriers, et il demeurera chargé de leur entretien.

Seront aussi au compte de l'État les échafaudages nécessaires pour le transport vertical des terres au panier. Ces échafaudages, ainsi que les ponts et rampes au compte de l'État, seront payés à l'entrepreneur aux prix qui seront portés au Bordereau pour cette espèce de travail. (*Voir aux ouvrages de charpente.*)

L'entrepreneur n'aura rien à réclamer pour les ponts et rampes qu'il faudra établir dans les parties à déblayer ou à remblayer.

ART. 74.

Terres répandues dans les Transports. Les terres répandues dans les transports seront enlevées aux frais de l'entrepreneur. Bien entendu que si les ouvriers les répandaient à dessein ou par négligence, il pourra les faire enlever par eux ou à leurs frais.

ART. 75.

Transport par Voiture. L'entrepreneur se conformera, pour la disposition et le nombre des ateliers, à tout ce qui lui sera prescrit par l'Officier du Génie. Chaque atelier sera organisé de ma-

6

nière à obtenir le transport le plus économique et de la manière suivante :

Il sera affecté à chaque atelier deux tombereaux, dont l'un restera à la charge sans attelage pour être rempli pendant que l'autre fera son voyage. Le nombre des colliers du tombereau et le nombre d'hommes à la charge varieront suivant les distances.

Pour les distances de 2 et 3 relais, on emploiera le tombereau à 1 collier, et l'on mettra 3 hommes à la charge.

Idem	de 4 et 5 relais,	idem	à 1 collier,	idem	2 idem.
Idem	de 6 et 7 relais,	idem	à 2 colliers,	idem	3 idem.
Idem	de 8 à 16 relais,	idem	à 3 colliers,	idem	3 idem.
Idem	de 17 à 39 relais,	idem	à 3 colliers,	idem	2 idem.
Idem	de 40 relais et au-delà,	idem	à 3 colliers,	idem	1 idem.

L'entrepreneur sera tenu d'entretenir à ses frais les chemins et communications, ponts et rampes par où passeront les voitures servant au transport des terres. Il pourra même, suivant les cas prévus par l'art. 6 ci-dessus, être tenu à l'établissement des ponts et rampes, lorsque la dépense en sera peu considérable.

Si, nonobstant les prescriptions du présent article, l'entrepreneur n'organisait pas ses transports ainsi qu'il vient d'être indiqué, il ne lui serait néanmoins alloué que les prix du Bordereau, lesquels ont été déterminés d'après ces conditions.

ART. 76.

Prix des Relais.

Le prix des relais ne variera pas d'après le nombre d'hommes à la fouille ; il est constant, quel qu'en soit le nombre pour les transports à la brouette, à la civière et au panier.

Pour les transports au tombereau, les prix aux différentes distances varient d'une manière irrégulière, d'après l'organisation différente des ateliers qui a été indiquée à l'article précédent. Ce n'est qu'au-delà du 46e relais que l'augmentation de prix pour chaque relais devient constante.

ART. 77.

Remblais.

Tous les remblais seront faits comme le prescrira l'Officier du Génie ; et en cas qu'il n'ait pas indiqué une marche particulière, ils seront toujours menés uniformément par assises réglées de deux décimètres de hauteur, et de manière que le versement soit fait à la naissance du remblai, afin que les roulages passent successivement sur les terres déjà remblayées. On suivra exactement les niveaux, pentes et talus qui auront été fixés.

ART. 78.

Régaleurs et Dameurs.

L'entrepreneur sera tenu de fournir à ses frais des terrassiers intelligents pour la conduite des remblais. Il fournira aux frais de l'État le nombre de régaleurs nécessaire pour que la terre soit toujours distribuée par couches égales et suivant les profils donnés, ainsi que de forts manœuvres pour le damage, lorsque cette opération sera ordonnée. Quand les terres devront être placées derrière les maçonneries et gazonnements, le damage sera exécuté avec une dame du poids de 12 à 15 kilogrammes. Les outils de tous ces ouvriers seront fournis par l'entrepreneur.

Lorsque le régalage des terres sera payé à l'entrepreneur au mètre cube, il sera tenu de fournir un régaleur pour quatre files de rouleurs au plus, si la terre est à un homme, et un régaleur pour trois files seulement, si la terre exige plus d'un homme à la fouille.

Si le damage est payé à l'entrepreneur au mètre cube, il sera tenu de fournir un régaleur pour deux files de rouleurs.

ART. 79.

Façon des Talus.

Les talus des remblais seront soigneusement faits, au fur et à mesure que s'élèveront les remblais, avec les terres les plus douces, passées à la claie, si cela est nécessaire, assises par couches de 15 à 20 centimètres de hauteur, bien menées de niveau, damées et dressées, suivant les surfaces indiquées par les profils, et de manière à n'avoir besoin d'aucune recharge. On aura la précaution d'arroser les terres des talus, quand elles seront sèches, pour mieux les lier.

Les dameurs et terrassiers employés pour la façon des talus seront payés à part, soit à la tâche, soit à la journée.

ART. 80.

Terres passées à la Claie. Les terres formant la partie supérieure des remblais seront épurées et passées à la claie, lorsque l'Officier du Génie le jugera convenable. Ce travail sera payé à part, soit à la journée, soit à la tâche, suivant ce qui sera prescrit par l'Officier du Génie : les claies seront fournies par l'entrepreneur et n'auront leurs baguettes qu'à deux centimètres de distance les unes des autres.

Le prix porté au Bordereau pour le travail à la tâche doit être appliqué à tout le cube qui aura été jeté sur la claie et non pas seulement à la partie qui aura passé à travers.

ART. 81.

Terres mises en Dépôt. Les terres déblayées et mises en dépôt pour être ensuite remblayées, seront payées, pour la nouvelle fouille et le chargement, d'après la tenacité qu'elles auront acquise, mais jamais moins que le prix fixé pour la fouille et le chargement des terres à un homme.

ART. 82.

Mesurage des Déblais. Le mesurage des terres pour le paiement de l'entrepreneur sera fait contradictoirement par l'Officier du Génie et l'entrepreneur ou son commis avoué, d'après les attachements qui auront été pris de concert, et non pas sur le détail des mesurages particuliers ou partiels que ledit entrepreneur ou ses commis auront faits aux ouvriers, l'Officier du Génie ne devant avoir égard à ces mesurages partiels que pour rendre, en cas de contestation, justice à qui elle sera due. Le mesurage sera toujours fait sur le vide du déblai, et jamais sur les solides formés par les remblais.

ART. 83.

Repères et Témoins pour les Mesurages. Pour établir les attachements dans les grands ateliers, il sera placé, à quelque distance l'un de l'autre, et formant un triangle, trois repères dont les sommets seront dans un même plan horizontal destiné à servir de plan de comparaison pour le nivellement à faire avant et après le déblaiement. Ces repères seront des pieux enfoncés en terre, au milieu desquels on fixera un clou à tête carrée, qui affleurera le sommet ; ou bien des dés en pierre de taille ; ou enfin des massifs en maçonnerie, surmontés chacun d'une pierre plane à la surface supérieure.

Dans les ateliers de peu d'étendue, on se contentera de laisser dans le déblai des témoins en profil et non en pyramides, dirigés et espacés d'après l'indication de l'Officier du Génie. Ces témoins devront être enlevés aux frais de l'entrepreneur, immédiatement après le mesurage, ainsi que les rampes laissées en relief dans le déblai pour le roulage ; mais il sera tenu compte à l'entrepreneur du déblai des rampes pratiquées pour le roulage des terres dans un terrain qui ne fera pas partie du déblai général.

ART. 84.

Mesurage des Relais. L'entrepreneur sera payé du transport des terres en mètre cube et par relais, suivant les prix fixés pour chaque moyen de transport. Pour les relais en plaine, on mesurera la distance en mètres du centre de gravité du déblai à celui du remblai, et, en la divisant par trente, on aura le nombre des relais. Pour les relais en rampe, on prendra les hauteurs des différentes rampes montées par les rouleurs, et la somme de ces hauteurs étant divisée par $1^m\,60$, on obtiendra pour quotient le nombre des relais en rampe. On multipliera ensuite ce quotient par 20 mètres, et l'on retranchera le produit de la distance horizontale des centres de gravité du déblai et du remblai; le reste, divisé par 30, donnera le nombre de relais en plaine, et en l'ajoutant au quotient déjà trouvé, on aura le nombre total des relais.

Si le reste était nul ou négatif, ce serait une preuve qu'on ne devrait pas compter de relais en plaine.

ART. 85.

Cas particulier dans le Mesurage des Relais. Les règles prescrites dans l'article précédent devront être modifiées dans quelques cas particuliers; mais on évitera les principales difficultés en décomposant le déblai et le remblai en parties correspondantes, les plus grandes possibles, et telles que la distance des centres de gravité soit à peu près la moyenne des chemins parcourus par les différentes parties du déblai. On fera attention aussi que dans quelques circonstances la route des déblais est terminée par les localités, et qu'alors ce n'est pas la distance horizontale des centres de gravité du déblai et du remblai qu'il faut considérer, mais la projection horizontale du chemin réel parcouru par les rouleurs.

ART. 86.

Fractions de Relais. Dans le compte des relais pour tous les moyens de transport, excepté ceux par voiture, on ne portera pas d'autre fraction que le demi-relais. Les fractions plus grandes qu'un quart de relais seront comptées pour un demi-relais; les fractions plus petites seront négligées.

Néanmoins, au départ toute distance de plus de quatre mètres comptera comme un demi-relais.

Dans les transports par voiture, on ne portera aucune fraction de relais. Toute fraction plus grande qu'un demi-relais comptera pour un relais entier : toute fraction moindre sera négligée.

ART. 87.

Terrassements exécutés par des Militaires. Lorsqu'on fera exécuter des mouvements de terres par les troupes de la garnison au compte de l'entrepreneur, il sera tenu de leur fournir tous les outils et ustensiles nécessaires pour la fouille et le transport, ainsi que les ponts, madriers, planches de roulage, piquets, jalons, cordeaux, etc. Il établira, en conséquence, aux endroits qui lui seront désignés des dépôts d'outils pour les travailleurs des corps, ainsi que des commis pour délivrer et recevoir ces outils. Les officiers ou sous-officiers chargés par les chefs de corps de conduire les travailleurs, donneront des reçus des outils, ustensiles, etc., fournis par l'entrepreneur à leurs détachements.

La valeur de ceux de ces objets que les détachements ne pourraient reproduire lors du paiement, sera prélevée sur le salaire des travailleurs.

ART. 88.

Paiement des Terrassiers Militaires. Les mesurages des terrassements exécutés par des militaires seront faits par les commis avoués de l'entrepreneur, en présence de l'Officier du Génie chef d'atelier, et des Officiers des corps. Chaque militaire recevra ensuite, et en mains propres, du payeur de l'entrepreneur, le montant de son salaire, sauf les retenues pour perte d'outils, ustensiles, etc., ainsi que celles ordonnées pour les masses des corps. On se conformera en outre à tout ce qui est prescrit à l'art. 29 des conditions générales du présent devis.

Les paiements seront faits en présence des Officiers chefs des détachements toutes les fois que ceux-ci le trouveront convenable. Néanmoins, s'ils ne se présentaient point aux heures fixées pour le paiement, il ne s'effectuera pas moins.

CHAPITRE 5.

OUVRAGES DE MAÇONNERIE.

₴ Ier — Eléments de la Maçonnerie.

ART. 89.

Cailloux. On emploiera des cailloux dans les maçonneries ordinaires ; l'entrepreneur aura soin de les choisir les plus gros possible et bien nets. Ils seront lavés au besoin aux frais de l'entrepreneur.

ART. 90.

Briques. Les briques employées dans les maçonneries seront généralement des modèles usités dans le pays.

Les briques *forannes, rougettes entières, forannes à batir, marteaux* et *communes*, auront. . . . .
$$\begin{cases} 0^m 42 \text{ de longueur.} \\ 0^m 28 \text{ de largeur.} \\ 0^m 05 \text{ d'épaisseur.} \end{cases}$$

Les deux dernières espèces ne s'emploient généralement que pour des cloisons ainsi que les tuilettes qui ont les mêmes dimensions et $0^m 035$ d'épaisseur seulement.

Les briques violettes ont. . . . .
$$\begin{cases} 0^m 42 \text{ de longueur.} \\ 0^m 14 \text{ de largeur.} \\ 0^m 05 \text{ d'épaisseur.} \end{cases}$$

Enfin les briques fiousels employées pour la construction des puits, ont. . . . .
$$\begin{cases} 0^m 22 \text{ de longueur.} \\ 0^m 28 \text{ de grand côté circulaire convexe.} \\ 0^m 195 \text{ de petit côté circulaire concave.} \\ 0^m 033 \text{ d'épaisseur.} \end{cases}$$

Si le Chef du Génie juge à propos d'employer des briques d'un modèle différent, soit pour des voûtes, soit pour des jambages, ou des plates-bandes de portes, de fenêtres ou autres ouvrages, l'entrepreneur sera tenu de les faire mouler suivant les formes et dimensions qui lui seront prescrites. Les moules seront fournis par l'Etat ou le prix en sera payé à l'entrepreneur, qui sera tenu de les rendre après l'achèvement du travail.

Le prix de ces briques pour fourniture sera fixé à l'estimation, d'après le volume et la surface des briques et les difficultés de la fabrication.

Le prix de la maçonnerie, où l'on emploiera ces modèles particuliers, restera le même que pour la maçonnerie ordinaire, toutes les fois que le cube de la brique ne sera pas moindre que les trois quarts de la brique foranne.

Si ces modèles de briques portent des ornements d'architecture, il sera ajouté au prix du cube de la maçonnerie un prix fixé à l'estimation, pour la sujétion de la pose de ces ornements.

Les briques employées dans les travaux devront être toujours bien moulées et bien cuites, entières et sans felures, non déformées par le feu. Toutes celles qui n'auraient pas ces qualités seront rejetées des ouvrages des bâtiments militaires. En conséquence, l'entrepreneur sera tenu de faire enlever, dans les vingt-quatre heures, toutes les bri-

7

ques défectueuses qui seraient apportées sur les ateliers et que le Chef du Génie n'aurait pas jugées susceptibles d'être employées, d'après le rapport de l'Officier chargé de la conduite de l'ouvrage. Passé les vingt-quatre heures , si ces mêmes briques se trouvent encore sur l'atelier, l'Officier du Génie pourra les faire briser par les ouvriers de l'entrepreneur et à son compte.

Pour les briques forannes à bâtir seulement , on admettra une brique cassée pour deux entières.

ART. 91.

Pierre de Taille.

On emploie à Toulouse deux espèces de pierre de taille : la pierre de taille dure et la pierre de taille tendre.

La première sera tirée des meilleures carrières de Carcassonne , de Mazamet ou de Sidobre.

La seconde sera tirée des carrières de Beaucaire (Rhône), ou de celles de Roquefort et Belbèze, arrondissement de Saint-Gaudens (Haute-Garonne).

Ces pierres seront extraites en bonne saison non gélissés ni sujettes à se déliter ou à se dégrader à l'air ; elles seront sans fils , saines et bien sonnantes. On rejettera des travaux toute pierre caverneuse et dont le grain ne paraitrait pas bien homogène.

Si pendant la durée du marché d'autres carrières venaient à être ouvertes, les produits n'en pourraient être employés que du consentement de l'Officier du Génie et à des prix qui seraient réglés en raison des frais d'exploitation et de transport , et approuvés par le directeur des fortifications.

La nature de la pierre de taille à Toulouse sera toujours définie par l'Officier du Génie et l'entrepreneur devra se conformer à la commande.

ART. 92.

Chaux.

La chaux grasse que l'on emploie à Toulouse est tirée de Castelnaudary ou de la Montagne ; elle ne sera employée que par exception, et seulement lorsque le Commandant du Génie en aura donné l'ordre. La chaux employée habituellement sera la chaux hydraulique de Castelnaudary , Bourret ou de Gaillac.

La chaux , quelle que soit la nature, ne devra contenir ni biscuits , ni durillons , ni aucune partie étrangère. Elle sera transportée sur l'atelier le plus tôt possible après la sortie du four , pour qu'elle n'arrive pas en poussière, ce qui serait une cause de rejet.

ART. 93.

Extinction de la Chaux.

La chaux s'éteint de trois manières : 1° par la fusion dans l'eau ; 2° par immersion ou aspersion ; 3° spontanément par la seule action de l'atmosphère.

Le premier procédé sera généralement employé comme étant le plus commode. Cependant , dans les travaux un peu considérables , le Chef du Génie pourra exiger que la chaux soit éteinte par immersion ou plutôt par aspersion , comme il sera expliqué plus bas , sans que le prix du mortier subisse pour cela aucune augmentation. Si l'on jugeait à propos d'employer le mode d'extinction spontanée , les prix des mortiers devraient être modifiés.

Extinction par fusion.

La fusion dans l'eau se fera dans des bassins imperméables , et l'on n'y emploiera que la quantité nécessaire pour réduire la chaux en bouillie épaisse. On aura soin de donner du premier coup assez d'eau pour n'être pas obligé d'y revenir au moment de l'effervescence , ou bien on attendra le refroidissement pour ajouter une nouvelle quantité d'eau. On proscrira des travaux militaires la méthode suivie par quelques maçons qui noient la chaux dans une grande quantité d'eau , la réduisent en consistance laiteuse et la versent ensuite dans des fosses perméables où elle se dessèche et perd ses qualités. Lorsqu'on devra conserver la chaux après l'avoir coulée, on la recouvrira de sable. Cette précaution ne sera nécessaire que pour les chaux grasses, attendu que la chaux hydraulique doit être employée trois ou quatre jours après la coulée. L'entrepreneur devra en conséquence diviser ses bassins en compartiments, pour que les chaux coulées à des jours différents ne soient jamais mélangées dans la même case.

Si l'entrepreneur avait commis la faute de couler à l'avance une trop grande quantité de chaux hydraulique, celle qui aurait durci dans le bassin serait rejetée. Si cependant le degré de dureté n'est pas poussé trop loin, l'Officier chef d'atelier pourra consentir à ce qu'elle soit employée comme chaux grasse dans les maçonneries de peu d'importance.

Extinction par immersion. L'extinction par immersion se fera en réduisant les pierres de chaux vive à la grosseur d'une noix, et en jetant ces morceaux dans un panier à claire-voie. On plongera ce panier dans l'eau, et on l'y tiendra jusqu'à ce que la superficie de l'eau commence à bouillonner. Alors on retirera le panier, on le laissera égoutter un instant, et on versera la chaux dans des caisses ou futailles, où la chaleur se trouvant concentrée, une grande partie de l'eau vaporisée ne pouvant s'échapper, sera reprise par la chaux même qui se réduira en poudre. Pour conserver la chaux dans cet état, on aura soin de couvrir les caisses ou tonneaux de paille, et on les tiendra dans des lieux qui soient à l'abri de l'humidité.

Sur les grands ateliers, il sera plus commode d'employer le procédé suivant :

La chaux vive sera placée dans une baraque en planches, bien couverte, construite à côté du hangar au mortier.

On mesurera une certaine quantité de chaux vive, et on la placera sur l'aire en planches du hangar au milieu de la quantité de sable ou de ciment voulue pour l'espèce de mortier. On versera avec un arrosoir sur la chaux concassée environ 1/4 ou 1/3 de son volume d'eau. On retournera bien avec la pelle la chaux ainsi arrosée, on la mettra en tas, puis on la couvrira du sable qui lui est destiné.

Extinction spontanée. L'extinction spontanée se fera en soumettant la chaux vive à l'action lente et continue de l'atmosphère. Elle se réduira en poussière très fine avec un léger dégagement de chaleur, mais sans vapeurs visibles. On aura soin de ne point opérer dans une atmosphère humide, et l'on arrêtera l'opération au moment où la réduction sera complète. Si la chaux éteinte spontanément n'est pas employée sur-le-champ, elle sera conservée avec les mêmes soins que la chaux éteinte par immersion.

Extinction de la Chaux hydraulique. La chaux hydraulique, prise vive et en pierre, se jette à la pelle dans un bassin imperméable, on l'y étend par couches d'égale épaisseur de 0 20 à 0 25 c., on y amène l'eau au fur et à mesure, et de telle manière qu'elle puisse circuler et pénétrer avec facilité dans les vides que les fragments de chaux vive laissent entr'eux, l'effervescence ne tarde guère à se manifester. On continue à jeter alternativement de la chaux et de l'eau ; mais il faut bien se garder de brasser la matière, et de la réduire en laitance selon la mauvaise coutume des maçons, seulement, quand par hasard quelques pellées de chaux fusent à sec, on y dirige l'eau par des rigoles que l'on trace légèrement dans la pâte et de temps en temps, on enfonce un bâton pointu dans les endroits où l'on soupçonne que l'eau a pu manquer ; si le bâton en sort enduit d'une chaux gluante, l'extinction est bonne : s'il s'en élève au contraire une fumée farineuse, c'est une preuve que la chaux a fusé à sec ; on élargit alors le trou, on en fait d'autres à côté, et l'on y amène l'eau. On ne doit aussi éteindre que la quantité de chaux dont on a besoin pour la consommation d'une journée. Deux bassins séparés dans le même bassin sont indispensables ; on commence à remplir l'un quand l'autre est près d'être vide. C'est ordinairement sur la fin du jour que l'extinction a lieu ; par ce moyen, la chaux a vingt-quatre heures pour travailler, et les fragments paresseux se divisent tous.

La chaux éteinte, comme il vient d'être dit, est déjà très-ferme le lendemain ; il faut la piocher, ou tout au moins la couper avec une pelle tranchante, pour l'extraire.

Il semble qu'en cet état elle ne puisse plus être ramenée à l'état de pâte sans une addition d'eau, mais c'est une erreur, comme on le verra bientôt.

Si, au lieu d'être prise vive, la chaux hydraulique a déjà subi l'immersion, les bassins deviennent inutiles ; la réduction en pâte s'opère au fur et à mesure que le besoin de la consommation l'exige. On règle la dose d'eau de manière à atteindre à peu près le même degré de consistance que par l'autre procédé. Si le procédé d'extinction dont on vient de parler ne suffisait pas, à cause de la nature de la chaux qui demanderait plus de temps pour sa fusion, on la disposerait en tas de trois brouettes, qu'on couvrirait de sable, sur une épaisseur de 20 centimètres environ ; on arroserait à distance avec un arrosoir de jardin, et laissant reposer par intervalle, on préparerait ainsi des tas pour être employés vingt-quatre heures après.

Art. 94.

Eau.

L'eau que l'on emploiera, soit pour l'extinction de la chaux et le gâchage du plâtre, soit pour la confection des mortiers, sera toujours la plus pure possible.

Art. 95.

Terre glaise.

La terre glaise que l'on emploiera pour mortier sera pure, sans mélange de terre végétale, et débarrassée de cailloux et autres matières qu'elle pourrait contenir.

Art. 96.

Sable et Gravier.

L'entrepreneur n'emploiera, pour la fabrication du mortier, que du sable non terreux de la Garonne, rude au toucher et criant à la main. Le plus gros sera choisi pour les maçonneries en cailloux. On le passera au crible, si c'est nécessaire, pour toutes les maçonneries de briques. Les sables terreux qui seraient apportés sur les ateliers seront ou refusés ou nécessairement lavés aux frais de l'entrepreneur, selon ce que le Chef du Génie jugera convenable.

Le gravier ordinaire sera également pris dans le lit de la Garonne. Il sera payé, ainsi que le sable, au mètre cube, rendu à pied d'œuvre, toutes extractions, façons et transports compris.

Art. 97.

Ciment.

La poudre de ciment sera faite avec des débris de briques ou de tuiles cuites au degré prescrit par le Chef du Génie, et qui ne soient ni biscuites ni calcinées, attendu que l'énergie de cette matière, employée comme pouzolane artificielle, s'affaiblit rapidement à mesure qu'elle approche du terme où elle commence à subir une espèce de vitrification. Ces débris, après avoir été purgés avec soin de toute matière étrangère, seront pulvérisés, soit à la masse ou au pilon, soit au moyen de machines, et on le passera au tamis de crin pour en séparer les morceaux non broyés.

Le ciment sera payé au mètre cube, rendu à pied d'œuvre, toute façon comprise.

Comme le ciment est susceptible d'un grand tassement qui pourrait donner lieu à des contestations dans le mesurage, ce mesurage se fera au moyen d'un double décalitre qu'on remplira en versant le ciment sans le presser et arrasant ensuite avec un rouleau en bois.

Art. 98.

Plâtre.

Le plâtre que l'on emploie à Toulouse vient de Tarascon, de Castelnaudary ou de la Montagne ; le premier est préférable. Il sera mis en œuvre le plus promptement possible après sa calcination, attendu que l'air le détériore, en lui cédant une partie de son humidité. On reconnaîtra que le plâtre est bon, si en le gâchant il est onctueux et s'il s'attache aux doigts. Il sera payé aux prix du Bordereau, au poids ou au mètre cube, tamisé ou non tamisé.

§ 2. — Composition et Fabrication des Mortiers et Bétons.

ART. 99.

Mesures pour les Matières.

L'entrepreneur sera tenu d'avoir sur chaque atelier des mesures métriques d'une capacité déterminée, qui serviront à vérifier si les proportions des matières entrant dans la composition des mortiers et qui seront toujours comptées en volume, sont conformes aux dosages prescrits par le Chef du Génie.

Toutes les espèces de mortiers seront mesurées au mètre cube, rendu à pied d'œuvre et tout déchet compris.

Matières rebutées.

Lorsqu'on aura laissé durcir de la chaux ou quelque espèce de mortier ou de béton que ce soit, de manière à ne pouvoir plus les employer utilement, ces objets détériorés seront mis au rebut et transportés hors des ateliers.

Manipulation.

Tous les mortiers, ciments, bétons, mastics seront fabriqués par des ouvriers exercés à cette manipulation, lesquels seront employés à la journée et jamais à la tâche, sous quelque prétexte que ce soit. Ces ouvriers devront être agréés par les Officiers du Génie, qui en fixeront le nombre sur chaque atelier.

Moyens mécaniques.

L'entrepreneur sera payé des mortiers fournis à pied d'œuvre et sans emploi, ou employés pour menues réparations aux prix fixés dans le Bordereau. Pour les travaux importants, le Chef du Génie pourra obliger l'entrepreneur à employer des moyens mécaniques pour la fabrication des mortiers.

ART. 100.

Mortiers en consistance ordinaire avec chaux éteinte par fusion ou par immersion.

Les mortiers communs et les mortiers hydrauliques employés dans les maçonneries construites à sec seront gâchés en consistance ordinaire et faits, soit avec de la chaux éteinte par fusion, soit avec de la chaux éteinte par immersion, suivant ce qui aura été ordonné par le Chef du Génie.

Dans le premier cas, la chaux qui sera apportée des fosses sur l'atelier devra être bien éteinte et réduite en pâte épaisse parfaitement homogène, sans grumeaux, biscuits ni rigaux ; celle qui ne remplirait pas ces conditions ou qui aurait trop durci dans la fosse, sera rejetée.

Le mortier sera corroyé et broyé avec le moins d'eau possible, par des moyens mécaniques, ou à force de bras, au moyen d'un large rabot en fer, sur une aire en planches, en briques ou en pierre, jusqu'à ce qu'on ne puisse plus distinguer aucune particule de chaux. Il devra toujours être fait sous des hangars. (*Si le mortier est fait avec sable et ciment, ces deux matières auront été préalablement bien mélangées ensemble.*)

Pour obtenir promptement ce résultat, on commence par délayer la chaux sans eau, et pour en former une bouillie bien homogène en la remuant avec le rabot ; après quoi on y ajoutera, en trois fois, la quantité de sable déterminée par le dosage, ayant soin de ne faire de nouvelle addition que lorsque le premier mélange est parfait. Si le sable n'est pas trop sec, le mélange se fera sans eau. Dans le cas où l'on serait obligé d'en ajouter, on le fera avec précaution, en se servant d'un arrosoir et en ne versant que la quantité nécessaire pour obtenir un mélange de bonne consistance.

8

On emploiera le mortier, autant que possible, aussitôt après sa fabrication, et s'il n'est pas employé de suite, on le rebattra fréquemment pour l'empêcher de durcir, mais en évitant d'y ajouter de l'eau.

Si le mortier doit être fait avec de la chaux éteinte par immersion, on emploiera le procédé suivant :

La veille ou l'avant-veille du jour où l'on devra employer le mortier, la chaux aura dû être réduite en poudre sèche, comme il est expliqué à l'art. 93, puis recouverte du sable ou du ciment qui lui est destiné, ayant eu l'attention de faire autant de tas que l'on suppose devoir en employer dans un ou deux jours de travail.

Au matin, on découvre les tas, on passe la poudre sèche au rabot avec ou sans sable, afin de bien reconnaître s'il existe quelques parties de chaux non éteintes, lesquelles seront rejetées. On verse alors sur le mélange la quantité d'eau nécessaire pour l'amener à l'état de pâte très molle.

Le mortier fait de la sorte a besoin d'être un peu plus clair que celui dans lequel on emploie la chaux sortant de la fosse, parce qu'une partie de l'eau se solidifiant, le mortier se trouvera de bonne consistance au moment de l'emploi.

Le Chef du Génie pourra exiger que le mortier soit passé au crible pour le purger de tous les biscuits ou rigaux qui n'auraient pas été enlevés pendant la manipulation.

Art. 101.

Mortier bâtard. Ce mortier sera fait en mélangeant, par parties égales, du mortier ordinaire et du plâtre en poudre, gâché avec la quantité d'eau nécessaire ; on ne le fera qu'au fur et à mesure de son emploi. On n'en fera usage que dans l'intérieur des bâtiments.

Art. 102.

Mortier de Terre grasse. Le mortier de terre grasse devra être fait avec de bonne terre forte, entièrement purgée de pierres, et bien corroyée au moment de l'employer. Si la terre est trop grasse, il y sera ajouté la quantité de sable jugée nécessaire par l'Officier du Génie.

Art. 103.

Bétons. La composition des bétons sera toujours indiquée par le Chef du Génie. Ils seront payés au mètre cube rendus à pied d'œuvre. La mise en œuvre sera faite à l'économie.

Le Bordereau fixe le prix des deux espèces de bétons.

Le premier, composé de petits cailloux de la Garonne et de mortier hydraulique de différentes espèces, sera formé de trois parties de mortier hydraulique et de deux parties de petits cailloux mêlés de gravier. Les plus gros cailloux ne devront pas avoir plus de 5 centimètres dans leur plus grande dimension, et les plus petits grains de gravier auront au moins 7 à 8 millimètres de diamètre.

Pour faire ce béton, après avoir préparé le mortier hydraulique ainsi qu'on l'a expliqué, on l'étendra par couches de 10 à 15 centimètres, qu'on recouvrira avec le gravier et les petits cailloux. On fera entrer ces matières dans le mortier à coups de dames ferrées, et l'on retournera le mélange à plusieurs reprises pendant deux heures ; ensuite on relèvera le tout en un tas pour l'employer immédiatement, ou mieux, quand il a pris une demi-consistance. Le béton doit être préparé sous un hangar par tas de 1 mètre cube, exigeant 0m750 de mortier hydraulique et 0m500 de gravier et cailloux.

Le second béton, qui convient plus spécialement pour faire des aires de terrasse, de caves ou de citernes, sera composé d'une partie de mortier hydraulique n° 100 *(de chaux, sable et ciment)*, d'une partie de cailloux de la Garonne et d'une partie de morceaux de briques. Le mortier sera préparé de consistance ordinaire, comme il a été déjà expliqué. Les cailloux pareils à ceux du béton précédent, ne devront pas être mêlés de gravier. Les morceaux de briques auront de 3 à 5 centimètres de côté. La manipulation se fera à peu près comme celle du béton de cailloux. Les cailloux et les morceaux de briques étant disposés en cercle autour du mortier étendu en couche de 0m 15 à 0m 20 d'épaiseur, seront successivement incorporés dans le mortier au moyen de la pelle, du rabot et de la masse. Tout le mélange sera brassé, retourné et pilonné pendant deux heures, et employé de suite ou lorsqu'il aura pris une demi-consistance. Il faut, pour 1 mètre cube de béton, 0m 500 de mortier, 0m 500 de cailloux et 0m 500 de morceaux de briques.

Ce béton, pour donner un résultat tout-à-fait satisfaisant, doit être posé sur 12 à 15 centimètres d'épaisseur, battu au moment de la pose à la dame pour être bien comprimé, et battu de nouveau avec un battoir léger, chaque jour pendant huit à dix jours, jusqu'à ce qu'il soit devenu tout à fait dur.

Il faut éviter de le poser par un temps trop chaud et trop sec.

Art. 104.

Mastics.

Les mastics devant jouir à un degré plus éminent de la propriété qu'ont les mortiers de durcir, soit à l'air, soit dans l'eau, seront faits avec encore plus de soin que les mortiers, et en suivant exactement les dosages et instructions qui seront prescrits par l'Officier du Génie. On les fera toujours à l'économie.

§ 3. — Maçonneries de fondations.

Art. 105.

Les maçonneries de fondations se feront à Toulouse avec les mêmes matériaux que les nettes maçonneries seront astreintes aux mêmes conditions et payées aux mêmes prix, avec cette différence qu'il ne sera jamais alloué pour ces maçonneries aucune plus-value pour les parements.

§ 4. — Nettes Maçonneries.

1o CONSTRUCTIONS DES NETTES MAÇONNERIES.

Art. 106.

ispositions préliminaires.

Lorsque le dessus de la fondation des maçonneries de revêtement, de bâtiments ou autres, aura été bien arasé de niveau à la hauteur où l'on devra établir la nette maçonnerie, et que le terrain aura été remblayé et fortement damé autour de ces maçonneries, on tracera, en laissant les retraites réglées par l'Officier du Génie, les lignes qui devront limiter les premières assises de la nette maçonnerie, soit au moyen de cordeaux bien tendus, soit par des traits colorés. Si le parement n'est pas vertical, on dressera d'une manière invariable les règles ou chandeliers taillés en forme de trapèze, de façon que l'un des côtés étant vertical, l'autre s'applique exactement au talus du parement, et que l'on puisse à chaque instant en vérifier la position à l'aide du fil à plomb et la rectifier si cela était nécessaire. On attachera le cordeau à ces chandeliers, sur lesquels on marquera avec précision les joints de chaque lit de briques. Cependant, si les variations de température gauchissaient les chandeliers, l'entrepreneur pourrait se servir de bévaux, lesquels donnent le talus au moyen du fil à plomb. Dans ce cas, il fera placer par ses meilleurs maçons, de distance en distance sur le mur, des tas de maçonnerie suivant bien le talus indiqué. Ces tas traceront l'alignement, et le remplissage sera fait par des maçons ordinaires.

Avant de commencer la première assise, on balaiera avec soin et l'on arrosera l'arasement des fondations. On aura la même attention toutes les fois que l'on reprendra l'ouvrage après une interruption quelconque.

L'Officier du Génie, chargé du travail, vérifiera ou fera vérifier souvent si les parements sont exactement selon les surfaces ordonnées, et si, pour les maçonneries qui devront être arasées par lits horizontaux, cette condition est satisfaite. Quant à la façon de la maçonnerie, elle sera en tous points conforme à ce qui va être dit pour chaque espèce de maçonnerie, et toutes les parties d'ouvrages qui ne seront pas exécutées avec la précision et les soins prescrits dans le devis, seront démolies et refaites aux frais de l'entrepreneur.

Art. 107.

Maçonnerie de Cailloux. La maçonnerie de cailloux est employée à Toulouse pour les murs des bâtiments; on y intercalera des assises de briques posées de plat sur toute l'épaisseur des murs. Ces assises de briques seront espacées entre elles, suivant ce qui sera prescrit par le Chef du Génie ; on en met ordinairement une à chaque hauteur de $0^m 18$ de maçonnerie de cailloux, correspondante à une hauteur de trois assises de briques.

Les cailloux employés pour la maçonnerie seront bien nets et les plus gros possible, surtout aux parements, où ils seront tous placés en boutisses. Les interstices seront garnis de cailloux plus petits ou de fragments de briques avec remplissage en mortier, de manière que deux cailloux ne soient jamais en contact. Ces cailloux seront posés, les uns après les autres, à la main, sur leur plat, en bonne liaison, et bien assurés par quelques coups frappés avec le manche du marteau.

Tout caillou brisé par le marteau sera relevé, et l'on placera du mortier entre les surfaces de rupture.

Aux parements, les murs ne seront pas garnis en petits cailloux qui adhèrent mal au mortier, mais avec des éclats de briques ou de tuileaux. L'entrepreneur ne pourra rien réclamer pour cette garniture qui est comprise dans le prix de la maçonnerie.

Sur les ateliers très étendus, quand toutes les parties de maçonneries ne pourront pas être élevées simultanément, on arrosera les parties dégarnies de maçons pour que le mortier ne sèche pas trop vite. Celui qu'on aura laissé blanchir sera toujours enlevé aux frais de l'entrepreneur.

Les gardes du Génie porteront une attention continuelle à ce que la maçonnerie soit faite proprement, à ce qu'elle soit balayée, et ils ne permettront jamais que, pour servir les maçons, les manœuvres marchent sur cette maçonnerie.

Le parement des maçonneries de cailloux seront ordinairement crépis, même du côté des terres; mais le crépissage ne sera jamais appliqué avant qu'on se soit assuré que le parement est suffisamment garni de fragments de briques ou de tuileaux.

Les crépissages seront payés à part. Si les assises de briques sont établies régulièrement, la maçonnerie de brique sera comptée pour un quart dans le cube des maçonneries ; dans le cas contraire, elles seront déduites du cube de la maçonnerie, et payées au prix des maçonneries de briques.

Art. 108.

Maçonnerie de Brique. Les briques devront, pour toute espèce de maçonnerie, satisfaire aux conditions énoncées dans l'article 34 du présent devis, et seront toujours posées suivant le mode d'appareil qui aura été déterminé par le Chef du Génie. On ne les emploiera qu'après les avoir laissées dans un vase plein d'eau le temps nécessaire pour qu'elles s'en pénètrent et jusqu'à ce qu'il n'y ait plus de dégagement d'air. A cet effet, l'entrepreneur sera tenu d'avoir, sur chaque atelier, le nombre de baquets jugés nécessaires par l'Officier du Génie, pour que le mouillage des briques se fasse convenablement,

Les maçonneries de briques seront conduites et arasées , avec toute l'attention possible , par assises , de niveau ou inclinées , selon qu'il sera prescrit par l'Officier du Génie. Les briques seront posées en boutisses et paneresses , en bonne liaison dans tous les sens , ainsi qu'il sera ordonné. On y emploiera du mortier de chaux et de sable fin passé au crible , afin que les joints et lits entre les briques n'aient jamais plus d'un centimètre d'épaisseur.

Les briques seront maçonnées en bain flottant de mortier ressoufflant dans les joints montants et serrés les uns contre les autres. On ne les abandonnera pas de la main qu'elles ne soient tout à fait placées ; elles seront ensuite doucement frappées du manche de la truelle. Toute brique qui , après avoir été placée , sera ébranlée , devra être relevée et reposée avec de nouveau mortier.

Les lits de maçonnerie seront arrosés et balayés toutes les fois que l'Officier du Génie le jugera nécessaire.

Les parements de maçonneries de briques seront grattés dans tous les joints et re-cirés solidement et proprement , ainsi qu'il sera expliqué à l'article des jointoiements ; mais ce travail sera payé au mètre carré , à un prix particulier indépendant de celui de la maçonnerie.

Les parements en briques seront construits suivant l'appareil fixé par le Chef du Génie.

ART. 109.

Maçonnerie de Matériaux ou Moellons de Briques.

Cette maçonnerie sera faite avec les mêmes soins que la maçonnerie de briques en-tières. Les moellons de briques provenant de démolitions ont ordinairement une épaisseur moindre que celle des briques actuellement en usage. On a eu égard à cette circonstance dans l'établissement du prix porté au Bordereau , et l'entrepreneur ne pourra par conséquent élever de réclamation à ce sujet.

ART. 110.

Maçonnerie de Pierre de Taille.

Tous les ouvrages en pierre de taille seront exécutés suivant l'appareil déterminé par l'Officier du Génie et les épures dont il aura lui-même vérifié le tracé. Aucune pierre de taille ne sera posée sans que l'Officier du Génie n'ait vérifié ou fait vérifier si les joints et surtout les lits sont bien dressés et dégauchis. Les pierres seront posées sur leur lit de carrière et sur un bain de mortier fin à poser , dont la composition sera déterminée par l'Officier du Génie en raison de la nature de l'ouvrage à construire. L'on n'y emploiera jamais des cales , et l'on aura soin d'arroser chaque assise de ma-nière qu'il ne reste plus de vide sous la pierre qu'on pose. Les joints ne seront pas coulés , mais ils seront , ainsi que les lits , bien garnis de mortier. Les uns et les autres ne devront jamais avoir plus de 4 millimètres d'épaisseur.

Comme il est presque impossible , en posant les pierres immédiatement les unes sur les autres sans cales , que les parements forment une surface nette et continue comme elle doit être , il est indispensable de ne faire qu'ébaucher les parements en laissant assez de pierre pour pouvoir finir de les tailler sur place.

On procèdera à la pose de la manière suivante : on commencera par déraser bien de niveau le lit ou la surface sur laquelle les pierres devront être posées ; on les pré-sentera d'abord en place en les posant à crue sur leur lit , afin de vérifier avec le plomb, l'équerre et le niveau , si dans cette position le parement , les lits et les joints sont disposés comme ils doivent l'être , et si le fort qu'on a laissé pour retailler le parement sur place est suffisant. Dans le cas où il se trouverait trop faible , il faudra avancer la pierre et tracer dessus une ligne qui indique de combien on devra l'avancer. On relèvera cette pierre , et après avoir bien nettoyé et arrosé le lit et le dessous de la pierre , on étendra sur le lit une couche de mortier fin ; on posera ensuite la pierre dessus dans la situation où elle a été essayée, et on la battra avec une dame ou billot de bois de moyenne grosseur, afin de l'asseoir sur son lit et de faire refluer le mortier superflu. Il faudra avoir bien soin qu'il n'y ait dans le sable aucune petite pierre ou gravier qui puisse empêcher les pierres de taille de se joindre, parce que le moindre corps résistant, interposé entre deux pierres, serait dans le cas de les faire éclater, et produirait les mêmes effets que les cales dont les inconvénients n'ont pas besoin d'être signalés.

Art. 111.

Ragréement des Pierres de Taille.

Lorsque, par suite de quelque défaut dans la taille ou dans la pose des pierres, il sera nécessaire de ragréer le lit sur le tas, on fera cette opération avant de poser l'assise supérieure. Le ragréement du parement ne sera fait que lorsque les murs seront achevés, et quand les maçonneries auront eu le temps de se ressuyer et d'acquérir, par l'effet des tassements, le degré de compression dont elles sont susceptibles.

Dans toutes les maçonneries en pierre de taille, les joints seront laissés à découvert, et ne seront remplis et recirés qu'après que l'Officier du Génie aura constaté qu'ils sont sans écornure et parfaitement conformes aux conditions du devis.

Art. 112.

Pierres de Taille crampounées.

Lorsqu'on jugera nécessaire de cramponner les assises de la maçonnerie en pierre de taille, celles-ci seront cramponnées deux à deux dans le milieu de la pierre, et jamais à l'extérieur. Les crampons seront encastrés de leur épaisseur, et auront leurs crochets ou leurs pattes retournées d'équerre. Chaque bout entrera de 0^m05 dans la pierre où il sera scellé en plomb ou en soufre. Le fer, le combustible, le plomb et le soufre seront payés à part, ainsi que la main-d'œuvre des encastrements. L'entrepreneur ne sera tenu qu'à la pose et au scellement desdits crampons.

Les crampons en fer pourront être remplacés avec avantage par des clés en bois de chêne, encastrées avec précision à fleur de lit supérieur de chaque assise.

Art. 113.

Maçonnerie d'écorchement.

Les démolitions nécessaires pour la réparation des écorchements et des soufflures seront faites au compte de l'État, soit à la journée, soit à la tâche.

Il en sera de même lorsqu'on voudra pratiquer des tranchées ou enfoncements taillés en queue d'aronde, en suivant les dimensions et les intervalles qui seront prescrits par l'Officier du Génie, ainsi que pour les autres arrachements qui pourront être ordonnés dans la vieille maçonnerie, afin de la relier avec la nouvelle. Le reste du travail sera au compte de l'entrepreneur.

Il fera gratter le fond de l'écorchement jusqu'au vif, et fera mettre sa base de niveau sur toute la profondeur.

Il devra faire balayer avec soin et arroser les anciennes maçonneries avant d'établir les nouvelles, qui seront faites par de bons ouvriers, avec des matériaux de choix, et avec tous les soins prescrits ci-dessus pour chaque espèce de maçonnerie.

On raccordera exactement les assises de la nouvelle maçonnerie avec celles de l'ancienne, sans toutefois s'astreindre à conserver le même mode d'appareil, si l'on peut en employer un meilleur. On aura soin d'arroser de nouveau à chaque assise, et de fouetter au balai une couche de mortier clair qu'on laissera prendre sur la vieille maçonnerie pour établir la liaison entre elle et la nouvelle.

On massivera les maçonneries d'écorchement, afin de diminuer leur tassement, si le chef du Génie le juge nécessaire. On n'y emploiera, autant que possible, que du mortier hydraulique. Toutes les fois que les écorchements n'auront qu'une profondeur de 0 m 15 et au-dessus, ils seront réparés au moyen de renformis, dont il sera parlé ci-après.

Art. 114.

Les rempiètements, c'est-à-dire les reprises de maçonneries en sous-œuvre, ne seront entrepris que par parties de la grandeur fixée par l'Officier du Génie, afin d'éviter tout accident, et de pouvoir les réparer avec promptitude et en même temps avec toute la solidité possible. Du reste, on les maçonnera avec tous les soins prescrits pour les écorchements, et, autant que possible, en mortier hydraulique.

Les dernières assises seront chassées de force et bien calées au-dessus et en dessous, de manière à éviter les affaissements.

Art. 115.

On n'entendra par ouvrage en reprise, soit pour mur, soit pour voûtes et autres ouvrages, que les portions de maçonneries faites par très-petites parties, et dont la totalité des solides mesurés sur un même point sera au-dessous de 2 mètres cubes exclusivement.

La plus value à ajouter à chacun des articles du Bordereau pour les maçonneries de brique sera de 1/10e, et pour les maçonneries de pierre de taille de 2/10es.

Art. 116.

Lorsque, dans la construction des ouvrages neufs ou dans le rétablissement des anciens, il ne sera pas possible d'en achever les maçonneries dans une campagne, l'entrepreneur fera couvrir les maçonneries neuves d'une forte couche de paille chargée au moins de deux décimètres de terre. Il fera également enlever lesdites terres et paille à la reprise des travaux et sera responsable des dégradations commises par ses ouvriers.

Ce travail sera fait à l'économie et aux frais de l'Etat ; mais ces mêmes dépenses seront au compte de l'entrepreneur, si c'est par sa faute que les maçonneries ordonnées dans une campagne n'auront pas été terminées.

2o MESURAGE DES NETTES MAÇONNERIES.

Art. 117.

Toutes les espèces de maçonneries, sans exception, seront mesurées et payées au mètre cube, tous vides déduits, et il ne sera tenu aucun compte des usages locaux quels qu'ils soient. Pour le mesurage et le calcul des solides, on n'emploiera autant que possible que les règles de la géométrie ; si l'on est forcé par la forme des maçonneries d'avoir recours au calcul intégral ou à des méthodes particulières de mesurage, on en donnera l'indication dans les carnets, dans les registres d'attachements et de comptabilité ainsi que dans les réglements définitifs.

Art. 118.

Indépendamment du prix accordé pour le cube des maçonneries, il sera payé à l'entrepreneur une plus value pour chaque mètre carré de parement vu développé. Les règles pour le mesurage et le paiement des parements vus sont donnés ci-après, art. 78 et suivants.

Art. 119.

L'entrepreneur aura également droit à une plus value dans quelques cas particuliers pour les arêtes droites ou courbes de la maçonnerie de briques, qui seront payées au mètre courant suivant leur espèce.

Art. 120.

Le prix du solide de la maçonnerie comprend : 1o la valeur des matériaux employés, c'est-à-dire les frais d'extraction, de transport, les droits d'entrée et généralement toutes les dépenses relatives à ces matériaux rendus à pied d'œuvre ; 2o toutes les mains-d'œuvre, tant pour la façon du massif de la maçonnerie que pour l'enlèvement des décombres, etc ; 3o tous les déchets occasionnés par l'emploi des matériaux dans la construction du massif.

Dans le prix de la plus value accordé pour le parement vu, on comprend : 1o la dépense des échafaudages ; 2o l'excédant de façon occasionné par la sujétion du parement ; 3o la dépense résultant du choix des matériaux et d'un plus grand déchet ; mais on n'y comprend pas le jointoiement ni le crépissage.

Enfin, dans le prix particulier accordé dans quelques cas pour les lignes droites ou courbes, formant les arêtes des solides de maçonnerie, on comprend : 1o le choix des matériaux ; 2o un plus grand déchet ; 3o l'excédant de main-d'œuvre.

La taille des briques devra être faite avec soin, et les briques seront en outre usées proprement, selon la forme voulue, moyennant la plus value accordée. L'entrepreneur sera tenu de n'employer, pour lesdites arêtes, que des matériaux de choix et d'excellents ouvriers.

Art. 121.

Dans les maçonneries mixtes, comme celles de briques et cailloux, de cailloux et de pierre de taille, etc., on mesurera séparément chaque nature de maçonnerie et l'on appliquera à chaque partie le prix qui y sera relatif. Si les assises de briques sont établies très régulièrement, on pourra faire le cube total de la maçonnerie et composer les prix comme cela a été indiqué à l'art. 110.

Lorsque le parement d'un mur sera d'une espèce de maçonnerie différente de celle du massif, il sera mesuré et payé à part au mètre cube, d'après son épaisseur moyenne.

Art. 122.

Les maçonneries de pierre de taille de tout appareil seront mesurées et payées au mètre cube pour la fourniture des pierres et du mortier, la taille des lits et joints, la pose et la mise en place de ces matériaux. Le parement vu sera payé à part et au mètre carré, ainsi qu'il sera dit art. 144.

Le prix de ce parement vu comprendra la taille du parement, le ragréement sur le tas ainsi que la dépense des échafaudages : le jointoiement sera payé à part au mètre courant.

Le mesurage du solide se fera en prenant le cube de chaque pierre de taille, avant sa pose. Dans les murs à talus, les dimensions seront prises sur le lit inférieur pour la longueur et épaisseur. La hauteur de la pierre sera prise, non suivant la ligne ou talus, mais perpendiculairement à la base. Quand la pierre aura un démaigrissement à la queue, on en tiendra compte sur l'épaisseur, qui sera réduite en conséquence.

Les pierres d'angles, soit rentrants, soit saillants, les pierres à crossettes et généralement les pierres non parallélipipédiques, seront mesurées d'après le volume du plus petit parallélipipède rectangle, circonscrit à la pierre taillée et ayant une ou deux de ses faces coïncidant avec le plan ou les deux plans de lit de la pierre.

Art. 123.

Les maçonneries d'écorchement et de rempiètement seront mesurées et payées au mètre cube, aux mêmes prix que les nettes maçonneries de même espèce ; mais pour tenir compte à l'entrepreneur de la sujétion de travail du plus grand déchet des matériaux, lorsque le cube de ces maçonneries ne s'élèvera pas à deux mètres, il lui sera alloué une plus value, qui sera de 1/10e du prix porté au Bordereau pour les maçonneries de briques et de 2/10es pour les maçonneries de pierre de taille.

Les parements vus seront payés aux mêmes prix que ceux des maçonneries de même espèce.

§ 5. — Maçonneries de Voûtes.

ART. 124.

Cintres et Couchis de Voûtes. Pour toutes les espèces de voûtes, l'entrepreneur sera tenu de fournir les cintres conformes aux dessins qui lui en seront donnés et d'en faire la pose. L'Officier du Génie déterminera les dimensions des bois, la forme des assemblages, le nombre de fermes, enfin, tout ce qui sera relatif aux cintres, tant par leur construction que par leur pose.

On ne construit de voûtes à Toulouse qu'en briques et en pierres de taille.

Pour les voûtes en briques, on se servira de cintres dont les couchis seront pleins, et l'on tracera d'avance sur ces couchis les lignes des assises, afin que la pose en soit parfaitement régulière et que l'intrados de la voûte présente un aspect satisfaisant.

Les couchis des voûtes en pierre de taille seront bien dressés et posés de manière qu'ils laissent 2 à 3 centimètres de jeu sous les douelles pour y placer des cales de bois doux, et qu'ils occupent le milieu de la douelle de chaque voussoir, afin que de part et d'autre on puisse voir les joints. On les assujettira à cet état avec de petits tasseaux de bois de la grosseur convenable, qui seront placés entre deux sur chaque cintre, afin de pouvoir décintrer sans ébranlement.

Les cintres et leurs couchis seront payés à part à l'entrepreneur, et pour chaque fois qu'ils serviront, au prix fixé dans le Bordereau. Le prix comprendra toutes les fournitures, façons et transports. On aura d'ailleurs égard à ce qui est prescrit plus bas (art. 196).

La valeur des cintres pour les voûtes minces en briques et plâtre qui se mesurent au mètre carré, sera comprise dans le prix de ces voûtes, comme il sera dit à l'art. 146.

ART. 125.

Précautions préliminaires. Avant de commencer les maçonneries des voûtes, l'Officier du Génie vérifiera avec le plus grand soin la position et la solidité des cintres et couchis; il fera balayer et laver les plans de naissance; et pour les voûtes en petits morceaux, il fera gratter et refouiller les joints de l'assise supérieure des piédroits, pour mieux relier la maçonnerie de la voûte à celle de ses appuis. Il aura une grande attention à ce qu'il ne soit pas employé de matériaux qui n'aient été préalablement mouillés, et même si les matériaux sont secs et absorbants comme les briques, ils devront être tenus dans un état permanent d'imbibition jusqu'au moment de leur mise en œuvre.

ART. 126.

Voûtes en Briques. Ainsi qu'il a été dit à l'art. 90, l'entrepreneur fera confectionner, lorsque l'ordre lui en sera donné par le Chef du Génie, des briques en voussoir selon la forme et les dimensions qui lui seront prescrites.

Les briques pour les voûtes seront de choix, surtout celles qui font parement, bien saines et entières. Si l'on emploie des demi-briques pour parement, elles devront provenir de briques entières brisées sur l'ouvrage même par le maçon qui les mettra en œuvre. L'Officier du Génie aura une attention particulière à ce que les briques soient bien mouillées au moment de leur emploi. Le premier rang sera posé à cru sur le cou-

10

chis, en suivant les lignes qui y auront été tracées à l'avance pour marquer toutes les assises. Les voûtes seront maçonnées suivant le mode d'appareil prescrit par le Chef du Génie, par assises réglées, en bain de mortier soufflant dans les lits et joints, et de manière que les lits des assises soient toujours normaux à la surface du couchis, ce dont le maçon devra s'assurer fréquemment au moyen d'une cerce. On se servira au besoin de tuileaux pour faire prendre aux lits des briques la coupe et la pente convenables, en ayant bien soin qu'il ne reste aucun vide entre les assises de briques. Les deux côtés de la voûte seront avancés simultanément et à la même distance de la clé, qui ne devra être formée que d'une seule brique enchâssée avec le manche du marteau, et serrée, s'il est nécessaire, avec des tuileaux en bain de mortier. Du reste, tous les soins prescrits pour la construction des maçonneries droites en briques seront recommandés pour les voûtes, et l'entrepreneur ne pourra employer à ce genre de travail que les meilleurs ouvriers.

ART. 127.

Voûtes non cylindriques en Briques.

Pour les voûtes sphériques, et généralement pour les voûtes de révolution à axe vertical construites en briques, les lits d'assises formeront par leur ensemble un anneau de surface conique, dont les génératrices seront normales à la surface de révolution, et dont par conséquent les lignes de joints seront des sections horizontales de la surface de révolution.

Pour les voûtes coniques ou en conoïdes où l'on devra nécessairement perdre des tas dans la longueur de la voûte, on exigera que la clé et les deux contre-clés soient toujours formées de briques entières. Les tas seront perdus d'une manière égale et symétrique des deux côtés de la voûte.

Dans les voûtes d'arête, et généralement lorsque la forme de la voûte nécessitera l'emploi de la brique taillée pour le parement, l'ouvrier devra, après avoir dégrossi les briques à la truelle ou au marteau, les user contre une autre brique très-dure ou contre un grès, afin de leur donner la forme voulue et de rendre la coupe plus unie et plus propre à former parement. L'entrepreneur fera construire, dans ce cas, de faux cintres en charpente, garnis de nervures, représentant les courbes résultant des inter_sections des différentes surfaces. Après le décintrement, il sera tenu de faire ragréer les défauts qui pourront se trouver dans les constructions des arêtes.

ART. 128.

Têtes des Voûtes.

Lorsque, dans les voûtes en briques, on formera, soit des têtes, soit des chaînes en pierre de taille, leurs dimensions seront conformes à ce qu'aura prescrit l'Officier du Génie, et leur épaisseur de douelle sera telle qu'elle corresponde à un nombre entier de rangs de briques qui ne pourra être moindre que trois.

ART. 129.

Voûtes de Fours.

Les voûtes de fours seront construites en mortier de terre grasse, avec des briques du modèle fixé par le Chef du Génie. On les établira sur des cintres en planches se réunissant au centre, où ils seront soutenus par une chandelle, portés par des coins qui seront enlevés lorsqu'on voudra décintrer. Cette espèce de voûte n'exige pas de couchis. Les cintres seront payés à l'entrepreneur au prix fixé pour cette espèce de charpente, et les voûtes seront mesurées et payées au mètre cube, suivant leur espèce.

ART. 130.

Voûtes en Pierre de Taille.

Les voûtes en pierre de taille seront faites bien conformes aux épures données par l'Officier du Génie, tant pour les dimensions des pierres que pour leur coupe.

Tous les voussoirs auront pour longueur de douelle au moins une fois et demie leur largeur ; les panneresses, qui seront les plus longues possibles, auront pour longueur de queue deux fois au moins la largeur de leur douelle, et seront entremêlées d'un tiers de boutisses qui n'auront pas moins de trois fois la largeur de ladite douelle pour longueur de queue. On remarquera cependant que, dans la partie des voûtes située près des points de rupture où la pression s'exerce sur l'intrados des voussoirs, il ne sera pas nécessaire de leur donner une grande longueur de coupe; mais, près des naissances dans les voûtes en plein cintre et en anse de panier, et surtout au sommet où la poussée agit sur la queue des voussoirs, il sera indispensable de donner à toutes les pierres la plus grande longueur possible, et de tailler les lits sans démaigrissement.

Les cintres étant disposés ainsi qu'il a été dit à l'art 124, on aura soin de les charger sur leur partie supérieure, afin de prévenir le mouvement des assemblages des cintres qui serait occasioné par la charge des parties latérales de la voûte avant la fermeture.

Les douelles des têtes seront posées sur cales au simbleau ou à la cerce dormante, sur laquelle les coupes seront tracées d'après l'épure. Les voussoirs du courant de la voûte seront arasés par le lit de dessous à ceux déjà posés, et celui de dessus sera réglé au cordeau, s'alignant sur les têtes posées au simbleau ou à la cerce dormante, et le tout contenu avec les cales nécessaires.

Tous les voussoirs seront posés en liaison, à bain de mortier fin, et coulé, maçonnés en coupe pour chaque assise sur toute l'épaisseur de la voûte jusqu'aux contreclés, lesquelles seront posées, ainsi que les clés, sur cales de bois doux, sans être coulées ni fichées.

Lorsque chaque pierre de ces trois assises sera placée et bien arrêtée, on posera à la main, au derrière de chacune, des coins de bois de chêne qu'on ne battra que lorsqu'ils seront tous en place, en les frappant alternativement, doucement et peu à peu pour ne pas déranger les pierres, jusqu'à ce que l'on juge qu'ils seront enfoncés suffisamment, et l'on coulera et fichera de suite ces trois derniers voussoirs comme à l'ordinaire. L'appareilleur sera tenu d'assister à la pose des voussoirs et de veiller à l'exécution, ainsi qu'à la propreté de l'ouvrage. Le poseur sera secondé par un contreposeur, qui se tiendra sous les cintres, aidera à la pose des cales et veillera à l'arasement des douelles par des vides que laisseront entr'eux les couchis.

On observera, à l'égard des joints, ce qui a été dit pour la maçonnerie en pierre de taille.

Décintrement des Voûtes. « L'opération du décintrement pour toute espèce de voûte ne sera faite que d'après l'ordre du Chef du Génie et en suivant les instructions qu'il jugera à propos de donner ; mais, quelle que soit l'époque où elle aura lieu, on aura soin de jeter immédiatement après le décintrement sur l'extrados de la voûte, un coulis un peu clair de mortier pour boucher les joints qui auraient pu s'ouvrir ou se former par suite du décintrement. »

ART. 131.

Mesurage des Maçonneries de Voûtes. Les maçonneries de voûtes en briques seront mesurées et payées au mètre cube, quelles que soient leurs dimensions : il sera de plus accordé à l'entrepreneur, pour chaque mètre carré de parement vu de l'intrados, la même plus value que pour le parement des maçonneries droites en briques. Les intersections des voûtes, soit entr'elles, soit par des plans obliques aux génératrices, formant parement vu, donneront également lieu à l'allocation d'une plus value, qui sera fixée comme il sera dit plus loin (art. 138.)

Le solide des voûtes comprendra tout le massif de maçonnerie compris entre l'intrados et l'extrados. Dans les voûtes cylindriques, conoïdes et autres de même nature, si les plans des joints sont prolongés jusqu'à la chape, le plan de cette dernière sera considéré comme étant l'extrados.

Pour les voûtes en pierre de taille, on mesurera séparément chaque pierre avant sa pose, c'est-à-dire qu'on prendra le cube du plus petit parallélipipède rectangle circonscrit à la pierre et ayant deux de ses faces opposées parallèles à l'un des plans de joints de la pierre, et l'on paiera séparément la partie de maçonnerie faite en pierre de taille et celle faite avec d'autres matériaux.

Il est à propos d'observer que, comme l'on devra prendre, soit pour les voûtes, soit, dans quelques cas particuliers, pour les murs droits et autres, le cube de chaque pierre en déterminant la solidité du parallélipipède circonscrit à cette pierre, telle qu'elle est au moment de la pose, il s'ensuivrait qu'en déduisant, dans ce cas, du solide total mesuré, la somme des cubes partiels des parallélipipèdes, on aurait un résultat inférieur au cube effectif de la maçonnerie de remplissage. On devra avoir égard à cette considération et ne déduire du solide total que le cube effectif des pierres de taille mises en place.

§ 6. — Pierres de Taille à la pièce.

ART. 132.

Gaffonnières.

Ces pierres, destinées à recevoir les gonds des portes et des croisées, sont en pierre tendre de la Montagne, blanche ou bleue, ou de Beaucaire (Rhône), selon qu'il sera demandé par l'Officier du Génie. Il y en a de deux dimensions : les grandes auront 0m 56 de longueur sur 0m 38 de largeur et 0m 22 de hauteur; les petites auront 0m 28 sur 0m 28 et 0m 17 d'épaisseur. Elles seront taillées avec tous les soins exigés pour la taille fine, sans écornures. Le prix du Bordereau comprend la pierre, son parement, le mortier, la pose et le trou pour le scellement du gond.

§ 7. — Parements vus des Maçonneries.

ART. 133.

Mesurage des Parements.

Les parements vus, excepté ceux en briques taillées et en pierre de taille, seront mesurés et payés au mètre carré, sans déduction des vides; mais il ne sera pas tenu compte des contours et développements de ces vides. Il sera établi un prix particulier pour le parement vu de chaque espèce de maçonnerie.

ART. 134.

Parements des Murs de Revêtement ou de Soutènement.

Dans les murs de revêtement, de soutènement de terres et autres constructions analogues, on ne comptera pas comme parement vu celui qui sera du côté des terres, bien qu'il doive être jointoyé et crépi selon ce qui sera ordonné par le Chef du Génie; mais le jointoiement et le crépissage seront payés à l'entrepreneur.

ART. 135.

Murs à deux Parements.

Dans les murs qui ne seront point adossés contre des terres, et dont les deux parements doivent rester apparents, ces deux parements seront payés à l'entrepreneur. Cependant, pour les murs tout en briques, le second parement ne sera payé qu'autant qu'il aura été ragréé et dressé assez bien pour être jointoyé.

ART. 136.

Parement des Voûtes.

La surface de l'intrados des voûtes en briques sera payée à l'entrepreneur au prix fixé pour le parement vu des maçonneries droites en briques. Si cette surface n'était pas parfaitement régulière, elle serait ragréée aux frais de l'entrepreneur avant d'être jointoyée.

ART. 137.

Parement des Maçonneries d'Écorchement et de Rempiètement.

Le parement vu des maçonneries d'écorchement et de rempiètement sera payé au même prix que celui des autres maçonneries. On a tenu compte de l'augmentation de sujétion qu'exigent ces maçonneries en portant au Bordereau des prix pour les ouvrages en reprise.

§ 8. — Taille des Briques.

ART. 138.

Arêtes des Maçonneries de Briques.

Les arêtes courbes ou hors d'équerre des maçonneries, que les briques soient taillées ou non, pour lesquelles il n'aura pas été commandé de briques moulées, seront mesurées et payées au mètre courant, pour tenir compte à l'entrepreneur du déchet des briques et de la sujétion de la pose. Les autres arêtes rentrantes ou saillantes provenant de la taille de la brique ne seront pas mesurées. On en a tenu compte dans les prix du Bordereau pour les diverses espèces de taille de la brique.

Dans le cas où des arêtes auraient été exécutées avec des briques moulées exprès, toutes les arêtes que l'Officier du Génie jugera devoir faire ragréer seront mesurées et seront payées au prix du Bordereau.

Parement vu de Briques taillées.

Le Bordereau contient des prix pour différentes espèces de parement vu de briques taillées. Ces parements seront mesurés et payés au mètre carré, en déduisant les vides; mais on tiendra compte à l'entrepreneur des contours, et on développera les moulures pour les plates-bandes des portes et croisées, et généralement pour tous les arceaux. Si on n'emploie pas des briques moulées exprès, et qu'il soit nécessaire de tailler les briques sur les joints, ce travail sera fait à l'économie.

Quelle que soit la nature de la taille, elle devra être faite avec soin, et les briques seront en outre usées proprement au moyen d'une autre brique plus dure ou d'un grès, selon la forme prescrite. L'entrepreneur sera tenu de n'employer pour les arêtes que des matériaux de choix et d'excellents ouvriers.

§ 9. — Taille des Pierres.

ART. 139.

Conditions générales.

Les pierres de taille employées dans la place de Toulouse viennent de Carcassonne ou de la Montagne. Les prix portés au Bordereau ont été calculés pour ces deux espèces de pierres. Si les pierres d'une autre dureté étaient employées par ordre du Chef du Génie, les prix de parement en seraient déterminés par l'expérience.

ART. 140.

Appareilleur.

Lorsqu'on prévoira qu'il sera exécuté dans la place de grands travaux en pierre de taille, l'entrepreneur sera tenu d'avoir un appareilleur capable d'exécuter tout ce qui concerne la coupe des pierres et l'appareil des ouvrages. Il se conformera, pour les dimensions des pierres, pour le mode d'appareil et pour le genre de la taille, à tout ce qui lui sera prescrit par l'Officier du Génie.

ART. 141.

Taille des Pierres.

La taille des lits et des joints sera toujours faite avec beaucoup de soin, sans aucun démaigrissement dans toute l'étendue où ils devront toucher d'autres pierres de taille, afin que les blocs posent solidement, se joignent bien et forment un bon assemblage.

Les joints et les lits contre lesquels on doit appliquer de la maçonnerie de briques ou de cailloux seront retournés d'équerre de 0m 30 au moins.

Néanmoins, il sera fait au ciseau un démaigrissement de 2 à 3 millimètres sur les arêtes des lits et joints, pour que ces arêtes n'éclatent pas lorsque les pierres seront juxta-posées. Les lits et joints seront taillés à la grosse pointe, et leurs arêtes ciselées dans une largeur de ciseau sur chaque face. Toute cette taille sera comprise dans celle du parement vu.

On distinguera pour la taille de parements : la grosse taille, la taille ordinaire, la taille fine et la taille d'architecture. Pour la pierre tendre de la Montagne, il n'y aura pas de taille ordinaire.

1o On appellera grosse taille, celle des parements plans faite à la pointe, avec cise-lure sur les arêtes, mais sans aucune sujétion ni refouillement.

2o On appellera taille ordinaire, celle qui sera ébauchée à la pointe, terminée à la boucharde sur toute son étendue et ciselée sur les arêtes. On la paiera au mètre carré de parement vu à un prix particulier pour les surfaces planes, et à un autre prix pour les parements de sujétion ou avec refouillement.

3o On appellera taille fine, celle qui sera ciselée sur toute son étendue, de manière que les ciselures soient bien parallèles et dirigées dans le sens prescrit. Elle sera également payée à des prix particuliers pour les parements plans et pour ceux de sujétion.

4o On appellera enfin taille d'architecture, celle des corniches et des moulures quel-conques. Leurs parements seront entièrement ciselés et parfaitement soignés dans leur exécution, les arêtes bien vives, et les moulures poussées suivant les profils qui en auront été donnés et avec tout le soin dont la pierre sera susceptible.

Art. 142.

Taille à l'Economie.

Les tailles d'architecture qui demanderont trop de façon pour pouvoir être comprises dans les tailles de quatrième espèce, seront faites par économie, soit à la journée, soit à forfait, selon ce qui sera décidé par le Chef du Génie.

Art. 143.

Taille de Sujétion.

Seront considérées comme tailles de sujétion dans chaque espèce de taille employée, celle des panneaux de douelle de voussoirs, des parements courbes, et généralement tous les refouillements et évidements pratiqués dans les pierres d'appareil ou autres.

Ne seront pas considérées comme refouillées, les tablettes de couronnements pour les petits larmiers pratiqués dans leur saillies.

Art. 144.

Vieilles Pierres.

Lorsqu'il se trouvera dans les démolitions ou en magasin des pierres de taille propres à être remises en œuvre, l'entrepreneur sera tenu de les employer ; elles seront trans-portées à pied d'œuvre aux frais de l'Etat, qui paiera audit entrepreneur les prix fixés par le marché pour la taille et la pose, selon l'espèce.

Art. 145.

Usages.

Tous usages et conditions relatifs au mesurage du cube et de la taille des pierres qui ne seraient pas entièrement conformes au contenu des articles ci-dessus, seront considérés comme non avenus, et l'entrepreneur ne pourra s'en prévaloir sous aucun rapport.

§ 10. — Voûtes plates, Cloisons en Briques de champ, Cloisons sourdes et Plafonds.

Art. 146.

On ne construit pas à Toulouse des voûtes en briques de plat; les prix qui se trouvent au Bordereau sont applicables seulement aux âtres et plates-bandes des cheminées et autres menus ouvrages de même nature. Dans le cas où on devrait construire des voûtes plates, on serait dans la nécessité de faire faire des briques de dimensions convenables et de régler de concert avec l'entrepreneur un prix d'estimation pour cette nature d'ouvrage. Nous allons néanmoins insérer dans le Devis les conditions d'après lesquelles ces voûtes seront exécutées, s'il y a lieu.

Voûtes en Briques posées de plat et en Plâtre. On ne commencera ces voûtes que lorsque les piédroits auront éprouvé tout le tassement dont ils sont susceptibles; on n'y emploiera que des briques bien saines et du plâtre de la meilleure qualité, non éventé et ayant toute sa force. Les cintres pourront être bien légers. Les briques seront trempées dans l'eau à mesure de leur emploi et l'on aura soin de ne gâcher que peu de plâtre à la fois afin qu'il ait toujours la consistance convenable.

On pratiquera dans chaque piédroit, à hauteur de la naissance, pour recevoir les premières briques, une entaille ou coussinet d'une profondeur proportionnée à l'épaisseur que doit avoir la voûte. Si le piédroit est un mur neuf, on laissera une retraite suffisante pour le même objet. On laissera au-dessus de cette même naissance quelques assises en encorbellement pour se lier avec le massif des reins.

Pour commencer la voûte, on nettoiera bien et l'on arrosera les tranchées qui doivent recevoir les naissances, et l'on y fouettera au balai du plâtre gâché clair. Lorsque les tranchées auront été bien préparées, on appliquera la première file du premier rang de briques, puis la seconde file. Ces deux premières files du premier rang étant ainsi bien préparées et alignées au cordeau, pendant qu'un maçon posera la troisième, un autre maçon commencera le deuxième rang qui sera formé de briques coupées sur les 3/4 de leur longueur, et qui, posées au fond de l'entaille, seront alignées sur le milieu des briques de la deuxième file du premier rang, dont elles seront séparées par une couche de plâtre d'un centimètre d'épaisseur. Pour que cette épaisseur soit uniforme, les maçons se serviront de jauge à entailles comprenant l'épaisseur de la couche de plâtre et de la brique superposée. Le travail s'avancera des deux côtés à la fois afin de charger également les cintres.

On ne fermera la voûte que sur l'ordre de l'Officier du Génie. On attendra même pour cela plusieurs jours, pour laisser prendre au plâtre toute la dilatation dont il est susceptible, afin que la voûte n'agisse pas trop fortement contre les piédroits. Comme il est essentiel de n'employer à ces sortes d'ouvrages que du plâtre bien pur et non éventé, l'entrepreneur pourra être tenu de le faire venir en pierre, pour le calciner à pied d'œuvre et l'employer immédiatement après sa réduction en poudre.

L'enduit en plâtre, sur l'intrados de la voûte, ne sera appliqué que lorsque l'Officier du Génie le trouvera convenable. Ce genre de voûtes aura généralement une flèche égale au dixième de la portée.

On emploie, depuis quelques temps, dans certaines places, pour la construction de ces voûtes, des briques à crochet dont l'effet est de contrebalancer et de détruire les effets produits par la dilatation du plâtre. Dans le cas où le Chef du Génie ordonnerait l'emploi de ces briques, l'entrepreneur sera tenu de s'en procurer à un prix qui sera réglé d'après le surcroît de matière et de main d'œuvre exigé dans leur confection.

Les voûtes plates seront payées au mètre carré, cintrage compris. Si l'Officier du Génie jugeait convenable de faire ajouter quelque maçonnerie pour soulager les reins, cette maçonnerie serait payée à part.

ART. 147.

Les cloisons en briques de champ seront faites avec des briques forannes ou rougettes, avec des briques marteaux ou communes, et enfin avec des briques tuilettes, et pourront être simples ou doubles. Les briques seront trempées avant d'être employées, posées à la règle ou au cordeau, bien d'aplomb, à joints recroisés et en bon plâtre gâché ferme; elles seront engagées, du côté des murs, dans des rainures pratiquées dans l'épaisseur des enduits. Si l'on juge nécessaire d'y placer des montants en bois, ces montants porteront également des rainures d'un centimètre au moins de profondeur pour recevoir les briques.

Les cloisons en briques de champ seront payées au mètre carré, suivant leur épaisseur, déduction faite de tous les vides, ainsi que l'espace occupé par les montants en bois, s'il y en a. Ces bois seront payés à part, ainsi que les enduits.

ART. 148.

Les cloisons sourdes et les plafonds seront construits sur plancher brisé, ou sur petites lattes de sapin uniformément espacées de 0m 03, fixées sur les montants ou les soliveaux avec des clous à large tête que l'on enduira de terre grasse, afin que la rouille ne pénètre pas le plâtre. On fouettera une première couche de plâtre un peu clair, pénétrant dans les intervalles et recouvrant le plancher brisé ou les lattes. Lorsque cette couche sera prise et bien sèche, on en appliquera une seconde de plâtre passé au tamis d'environ 1 centimètre d'épaisseur pour les cloisons sourdes, et de gros plâtre de même épaisseur pour les plafonds. Celle-ci sera bien dressée et recouverte, pour les plafonds seulement, d'une troisième couche de plâtre fin le plus blanc possible et passé au tamis, laquelle fera le parement qui sera dressé et reciré avec le plus grand soin.

Ces cloisons et ces plafonds seront payés au mètre carré, sans aucune déduction pour l'emplacement des moulures et autres ornements, qui seront payés à part.

Le Bordereau comprend un prix pour le plafond sans plancher brisé, c'est-à-dire pour celui qui est fait sur poutres ou bois pleins, qui seront piqués avec une hachette pour recevoir la première couche, sans que l'entrepreneur ait rien à réclamer pour cette main-d'œuvre.

Il ne sera rien ajouté pour les angles et arêtes, et pour les raccordements courbes, lorsqu'il y aura lieu d'en exécuter.

ART. 149.

Les moulures pour corniches et autres ornements seront poussées au moyen de calibres ferrés fournis par l'entrepreneur, et suivant les modèles qui auront été donnés par l'Officier du Génie. Elles seront massées en plâtre gris et recouvertes d'une couche de plâtre blanc de 2 centimètres d'épaisseur, traînées bien correctement à la règle en suivant les tracés qui seront prescrits, bien dégagées et refouillées.

Les moulures seront payées au mètre courant et à des prix différents, suivant le nombre de décimètres de développement de la moulure. Toute fraction de plus de 4 centimètres sera comptée comme 1 décimètre; jusqu'à 4 centimètres, elle sera négligée.

On prendra pour la longueur des moulures celle des plus longues arêtes, moyennant quoi il ne sera rien ajouté pour les angles.

Les prix fixés au Bordereau comprennent, outre la main-d'œuvre, une fourniture de plâtre de 5 centimètres d'épaisseur. Tout le cube qui excéderait cette épaisseur entre le nu du mur ou du plafond et la surface de la moulure, sera payé à part, suivant la nature de la maçonnerie.

§ 11. — Crépis, Enduits, Jointoiements et Rejointoiements.

ART. 150.

Crépissages sur les Maçonneries brutes.

Pour appliquer ces crépis, soit sur des maçonneries neuves, soit sur de vieilles maçonneries, on commencera par racler et enlever le mortier de la superficie des murs à crépir, et on en grattera et nettoiera bien les joints. On les mouillera en y lançant l'eau avec force, et l'on fouettera au balai une couche de mortier clair. Lorsque cette couche aura pris corps, et avant qu'elle soit sèche, on appliquera une nouvelle couche de 5 millimètres d'épaisseur, tant dans les joints que sur la pierre, en la fouettant fortement à la truelle. Cette couche sera repassée à la truelle, toujours en remontant et sans être recirée sur les bords. Si l'on applique une deuxième couche de crépis, il faudra le faire aussitôt que la première aura pris consistance, et avant qu'elle soit complétement sèche. Les maçons la fouetteront de même à la truelle en prenant chaque fois très-peu de mortier, et la repasseront simplement à la truelle, et toujours en remontant. Cette dernière couche doit avoir 5 millimètres d'épaisseur.

ART 151.

Crépissages sur les vieux Murs avec éclats dans les joints.

Lorsque le crépissage doit être appliqué sur de vieux murs dont le parement est dégradé et les joints dégarnis, il est souvent nécessaire de les remplir avec des éclats de pierres ou de fragments de briques et de tuiles. Dans ce cas, après avoir gratté les joints jusqu'au vif à l'aide d'un crochet de fer dont la pointe est acérée, et les avoir bien lavés et humectés, on y lancera avec force du mortier gâché ferme, dans lequel on placera à la main des éclats de grosseur convenable; et lorsque le mortier aura pris consistance, on y appliquera le crépis comme il a été dit à l'article précédent.

ART. 152.

Crépis, Enduits au bouclier pour Surfaces bien dressées.

Lorsque l'on voudra obtenir la surface du crépissage parfaitement dressée, on l'enduira au bouclier. A cet effet, lorsque la seconde couche de crépissage commencera à résister à la pression du doigt, on prendra la truelle en bois appelée *bouclier*, et l'on en promènera la surface polie sur celle du crépis, en y imprimant une légère pression. On laissera reposer le mortier jusqu'à ce qu'il résiste bien à la pression du doigt, et alors on y jettera un peu d'eau avec une brosse de peintre en bâtiment, et on donnera une dernière façon avec le bouclier en pressant fortement.

ART. 153.

Enduits cirés à la Truelle.

Les enduits cirés à la truelle ne seront appliqués, comme les enduits au bouclier, que sur une ou deux couches de crépissage. Lorsque le mortier du crépissage commencera à sécher, on y appliquera la couche d'enduit de 4 millimètres d'épaisseur, en la fouettant à la truelle, la repassant et la lissant avec le dos de la truelle jusqu'à ce qu'elle soit parfaitement unie, et la recirant de nouveau jusqu'à ce qu'elle ait bien pris consistance, de manière à n'y laisser aucune fente ni gerçure.

ART. 154.

Enduits en Plâtre.

Les enduits en plâtre seront appliqués avec les mêmes soins et précautions que les enduits en mortier. Les secondes couches seront toujours en plâtre fin passé au tamis.

Art. 155.

Le jointoiement ne s'applique qu'aux maçonneries neuves , et le rejointoiement qu'aux vieilles maçonneries.

Les maçonneries en cailloux ne comportent pas de jointoiement.

Comme les jointoiements des maçonneries de toute espèce contribuent beaucoup à leur conservation , on doit donner les plus grands soins à cette opération , tant pour la manière de l'opérer que pour le choix du mortier à employer. On exercera sur cet objet la plus stricte surveillance.

Tous les jointoiements seront faits au fur et à mesure de la construction des maçonneries.

On y emploiera du mortier plutôt plus maigre que plus gras que celui du corps de la maçonnerie (*contrairement à ce qui est prescrit dans les anciens devis*), en se conformant d'ailleurs à ce qui sera ordonné par le Chef du Génie.

L'on aura soin de ne pas attendre que le mortier de la maçonnerie en construction ait acquis de la dureté pour dégarnir les joints. Cette opération devra être faite pendant que le mortier sera encore frais. On emploiera pour cet effet un crochet de fer un peu moins épais que la largeur des joints ; on enlèvera le mortier jusqu'à 2 à 3 centimètres de profondeur , en ayant soin de ne pas écorner les pierres ou les briques, et l'on passera le balai dans les joints ouverts.

Pour exécuter le jointoiement , on balaiera de nouveau les joints , on les lavera pour mieux enlever les poussières , et l'on appliquera le mortier gâché un peu ferme avec la truellette , en le fesant bien pénétrer jusqu'au fond du joint et le serrant fortement surtout contre le dessus du joint.

Dans les maçonneries de briques et autres d'assises réglées , on enlèvera exactement toutes les bavures , et l'on assujettira les maçons à enfoncer le haut du joint d'à peu près 2 millimètres de plus que la partie inférieure , de manière que l'arête inférieure de la brique ou de la pierre de dessus fasse larmier sur le joint , lequel aura une forme de glacis , ce qui facilitera l'écoulement de l'eau et empêchera qu'elle ne séjourne dans les joints horizontaux. Les joints verticaux seront mis dans le plan du parement.

Dès que le mortier commencera à durcir , tous les joints seront recirés à la règle , et frottés vigoureusement avec le dos arrondi et légèrement recourbé du crochet de fer.

Les rejointoiements seront faits avec les mêmes soins et de la même manière que les jointoiements , et n'en différeront que par la préparation préalable du parement. On refouillera les joints avec le crochet de fer acéré pour en détacher tout le mortier friable , puis on les balaiera , lavera et fouettera au balai avec du mortier clair , après quoi on y appliquera avec la truelle le mortier prescrit gâché ferme , et on y insinuera à la main les éclats de briques ou tuileaux , si cela est jugé nécessaire ; on recirera enfin les joints comme dans le cas d'un jointoiement.

Art. 156.

Les crépis et enduits seront payés au mètre carré, et aux différents prix portés au Bordereau , suivant le genre de travail et l'espèce de mortier employé.

Les prix du N° 234 au N° 242 pour la première couche de crépissage , comprennent , indépendamment de cette couche qui est celle fouettée à la truelle , tous les travaux préparatoires y compris la couche de mortier clair fouettée au balai.

L'on paiera au mètre carré et à différents prix , suivant l'espèce , les jointoiements et les rejointoiements sur briques. Mais pour les maçonneries en pierre de taille, on paiera au mètre courant tout le développement des joints. Les prix des rejointoiements comprennent les frais d'échafaudages.

Ce mode de paiement pourra être employé pour les maçonneries de briques lorsque l'Officier du Génie le jugera convenable.

ART. 157.

Les enduits, suivant tout procédé particulier, pour murs de citernes ou de souterrains, pour chapes de voûtes, etc., seront faits à l'économie, lorsqu'ils ne pourront pas se décomposer en différents ouvrages portés au Bordereau.

¿ 12. — Renformis, Reprises d'Arêtes et autres menus Ouvrages.

ART. 158.

L'on appellera renformis toute reprise d'écorchement de maçonnerie qui n'aura pas 0m 14 de profondeur, et qui ne pourra pas néanmoins être faite au moyen d'un crépissage avec éclats dans les joints.

Pour exécuter les renformis, on arrachera de l'ancienne maçonnerie les parties dégradées ou mal affermies, on arrachera de même toutes les herbes et racines qui pourraient se trouver dans le mur, on grattera soigneusement les joints pour enlever le vieux mortier; et après avoir bien balayé la surface du renformis, on l'arrosera abondamment et l'on y fouettera de bon mortier clair; puis on y fouettera à la truelle du mortier ferme dans les joints et sur les parties dégradées, et l'on y fera entrer de force des morceaux de pierre, de briques ou de tuiles, le mortier soufflant de toute part. Le tout sera recouvert d'un crépis dont la surface se raccordera exactement avec celle des parties voisines.

Les renformis seront mesurés et payés au mètre carré. Le prix porté au Bordereau a été calculé pour la profondeur de 10 centimètres, et sera augmenté ou diminué d'un douzième pour chaque centimètre d'épaisseur en plus ou en moins.

Ce prix ne comprend pas la main-d'œuvre pour faire l'écorchement jusqu'au vif, qui sera payée à part comme pour les autres écorchements; mais il comprend le grattage des joints, le balayage, l'arrosage, les échafaudages, enfin la construction et le premier crépissage.

Les arêtes et feuillures ne seront payées à part que lorsqu'elles seront faites isolément en reprise et sur des parties d'enduits qui ne seraient pas déjà mesurées au mètre carré. Ces reprises seront faites avec tous les soins des renformis, en mortier quelconque, ou en plâtre gris, avec ou sans éclats dans les joints, suivant le cas. Les arêtes seront dressées à la règle, et l'enduit proprement reciré à la truelle. Les reprises d'arêtes ou feuillures seront payées à part, au mètre courant.

ART. 159.

Les bouchements de lézardes ou crevasses dans les murs seront faits en mortier ou en plâtre, selon ce qui sera prescrit, après avoir bien nettoyé et lavé les bords, et en introduisant le mortier et les éclats jusqu'au fond des crevasses.

Lorsque des plafonds seront établis sur planchers ou lattis assez résistants pour supporter une réparation, les crevasses y seront refaites en bonne liaison avec le reste du plafond, et après avoir fait tomber tout ce qui ne serait pas parfaitement solide.

Les solins aux jonctions des murs avec les cloisons, carrelages, plafonds, seront faits avec les mêmes soins, en plâtre fin passé au tamis et cirés à la truelle.

Tous ces ouvrages seront payés au mètre courant jusqu'à 10 centimètres de largeur. Au-delà de cette largeur, l'ouvrage sera payé au mètre carré comme enduit ou renformis, selon la nature du travail.

Aᴿᴛ. 160.

Les scellements de pièces de bois ou de fer dans les maçonneries seront faits en plâtre ou en mortier du Nᵒ 102, du Nᵒ 105 ou du Nᵒ 106, suivant ce qui sera prescrit par l'Officier du génie, selon les localités.

Le plâtre sera employé pur et gâché le plus serré possible.

Le mortier sera employé aussi le plus ferme possible.

Les scellements seront affermis au moyen de tuileaux et d'éclats de pierre dure chassée au marteau.

Ils seront enduits et ragréés le plus proprement possible.

Lorsque les scellements devront être faits pendant la construction des maçonneries, il n'en sera pas tenu compte à l'entrepreneur. Il ne lui sera payé que ceux qu'il lui sera commandé de faire dans des maçonneries existantes. Dans ce cas ils seront payés à la pièce, suivant la nature de la maçonnerie et suivant la profondeur du scellement.

Les petits scellements pourront avoir jusqu'à 0ᵐ 20 de profondeur, et compteront généralement dans la pierre de taille ou la brique une ouverture de 0ᵐ 10 à 0ᵐ 12 de côté. Tous les scellements dont la profondeur excédera 0ᵐ 20 seront comptés comme grands scellements.

Aᴿᴛ. 161.

Les descellements seront payés la moitié du prix du scellement de même profondeur en maçonnerie de briques; les bouchements de trous, un quart du même prix, et seront faits avec tous les soins du remplissage des scellements.

₰ 13. — **Blanchissages.**

Aᴿᴛ. 162.

Les blanchissages dans les casernes seront faits ordinairement par les soldats, ainsi que les menues réparations d'enduits qui doivent les précéder. L'entrepreneur fournira pour ces travaux les matériaux et outils nécessaires qui lui seront payés au prix du Bordereau, ou comme dépenses sèches.

Lorsque les blanchissages seront faits par l'entrepreneur, ils lui seront payés au mètre carré.

Avant d'appliquer le blanchissage sur les vieux murs, on aura soin de balayer, même de gratter, s'il le faut, avec un racloir, le mur ou le plafond qu'on voudra blanchir. La première couche sera composée d'une partie de chaux grasse coulée, vieille au moins d'une année, délayée avec environ partie égale d'eau, ou un peu plus si la chaux est très-grasse. Quand cette première couche sera sèche, on appliquera la seconde qui sera un peu moins épaisse; la troisième le sera encore moins que la seconde.

Le Bordereau contient des prix pour le blanchissage à la craie, avec colle et bleu de Prusse pour les murs intérieurs des appartements et pour les badigeonnages en gris. Pour tout autre badigeonnage, les matières seront fournies à l'entrepreneur, qui n'aura rien à réclamer pour la main-d'œuvre de leur mélange.

Le balayage des murs est compris dans le prix du blanchissage, mais non pas le grattage ni les réparations d'enduit qui seront faites, s'il y a lieu, selon ce que prescrira l'Officier du Génie.

CHAPITRE 4.

PAVAGE ET CARRELAGES.

§ 1er — **Matériaux rendus à pied-d'œuvre ou dans les Magasins du Génie.**

ART. 163.

Pavés et Sable. Les pavés seront en cailloux roulés de la Garonne pour le pavage des cours, des revers le long des bâtiments, etc.; les cailloux seront de grosseur moyenne, d'une longueur de queue à peu près uniforme de 0 m 12 à 0 m 15.

Pour le pavage des galeries, passages, etc., les cailloux auront 0 m 08 à 0 m 10 de longueur et seront de forme aplatie.

Pour le pavage des écuries, les cailloux seront de l'espèce de ceux connus dans le pays sous le nom de langues de chat; ils seront oblongs; ils auront 0 m 08 à 0 m 05 de longueur et 0 m 01 d'épaisseur.

Le sable sera le même que pour la fabrication des mortiers, passé à la claie pour les formes, et au crible pour le recouvrement du pavé et le garni des joints.

ART. 164.

Briques et Carreaux. L'on n'emploiera pour le carrelage dans les chambres des bâtiments militaires que les grandes briques de Lasserre ou de Bouloc pour les rez-de-chaussée, et les grands et petits carreaux des mêmes briqueteries pour les étages supérieurs.

Ces briques et ces carreaux, des trois dimensions indiquées aux Nos 303, 304 et 305 du Bordereau, seront de premier choix, bien plans, à arêtes vives et flambés à blanc. Ceux qui auraient conservé la couleur rouge seront rejetés.

ART. 165.

Dalles en Pierre dure de Carcassonne. Ces dalles, qui seront tirées de la carrière Villegly, à Carcassonne, auront 0 m 08 à 0 m 10 d'épaisseur, et devront réunir toutes les qualités détaillées à l'art. 91.

§ 2. — **Pavage en Cailloux.**

ART. 166.

Pavés en Cailloux ordinaires sur forme de Sable. Les formes pour pavés neufs auront 0 m 16 d'épaisseur. Quand il existera déjà des anciennes formes, on enlèvera seulement la partie terreuse et les débris provenant de la démolition des vieux pavés, et l'on fera un rechargement de sable de 7 centimètres d'épaisseur. La forme sera établie parallèlement au bombement du pavé, et les pentes en longueur, ainsi que le bombement, seront réglés par l'Officier du Génie, qui les arrêtera par des piquets de hauteur et de direction.

Tous les matériaux étant préparés sur place, les pentes et les profils bien arrêtés par des piquets, on tirera au cordeau trois lignes : l'une pour marquer le sommet du pavé, et les deux autres le fond des rigoles; ensuite, on commencera la pose du pavé qui sera conduit par rangées d'équerre sur l'axe de la route, et en bonne liaison. On se servira au besoin d'une cerce pour régulariser le bombement qui, pour une chaussée, doit être établi de manière que la flèche soit au plus le vingt-quatrième de la corde, et au moins le trentième. Les pentes en longueur seront réglées d'après les localités.

Les pavés seront foulés en queue et bien affermis au marteau au moment de la pose. On leur laissera toutefois une hauteur de 3 centimètres au-dessus de la surface supérieure de la chaussée ou de l'aire fixée, pour ensuite les enfoncer en les battant

13

avec une demoiselle du poids de 25 kilogrammes. Le battage sera fait bien également et avec soin par des ouvriers intelligents, à plusieurs reprises (*trois au moins*), de pavé en pavé et par rangées, à petits coups lors du premier battage, les renforçant au second, enfin au refus de la demoiselle au dernier.

Il sera bon, après les deux premiers battages faits le jour même de la pose du pavé, d'arroser le soir tout ce qui aura été posé dans la journée, pour opérer le lendemain le troisième battage.

Pour que le damage ne dérange pas la pente des rigoles, qui doit être uniforme et sans ressauts, on aura soin de donner aux pierres qui les forment leur véritable assiette, en les affermissant au moment de la pose à coups de marteau, les amenant à la position exacte qu'elles doivent conserver, en se gardant de les rebattre à la demoiselle en même temps que le reste du pavé.

Les pavés ainsi battus, les décombres enlevés et la place rendue nette, l'Officier du Génie fera la vérification de l'ouvrage et ordonnera l'enlèvement et le remplacement des pavés qui auraient éclaté par l'effet de la percussion, ensuite il fera recouvrir le pavé d'une couche de sable fin de 3 centimètres d'épaisseur, laquelle sera évaluée par tombereaux en raison de la superficie. Le recouvrement ne sera jamais fait qu'après la vérification du pavé.

Les pavés sur forme de sable seront payés au mètre carré et l'entrepreneur sera tenu à toutes espèces de fourniture et à toute main-d'œuvre quelconque, ainsi qu'à l'enlèvement de tous les décombres.

La préparation du terrain pour y asseoir la forme sera payée à part ainsi que les mouvements de terre qui en résulteront.

Art. 167.

Pavés en petits Cailloux. Les pavés en petits cailloux seront établis sur forme de sable de 0^m 10 d'épaisseur, ou sur forme de mortier de 0^m 05. Les cailloux seront posés de la même manière, mais avec encore plus de soin que pour les pavés en cailloux ordinaires, bien serrés les uns contre les autres suivant les pentes déterminées et en compartiments séparés par des chaînes formées par les plus gros cailloux.

Lorsque la forme sera en mortier, le battage des cailloux sera fait avec précaution de manière à faire refluer le mortier jusqu'à la tête des cailloux, on évitera ainsi les abreuvements, qui ne seront pas tolérés.

Pavés en petits Cailloux dits Langues de Chat. Ces pavés seront faits avec le plus grand soin ; ils seront établis sur une forme que l'on aura préparée aussi résistante que possible. On étendra sur cette forme une couche de mortier de 0^m 07 d'épaisseur dans laquelle on placera les cailloux que l'on serrera bien les uns contre les autres, en ayant le soin en les plaçant de faire glisser du mortier entre leurs joints. Puis, avant que les mortiers ne soient trop durs, on battra légèrement les cailloux avec une dame plate, de manière à faire refluer le mortier jusqu'à la surface du pavé.

Art. 168.

Pavés relevés. Lorsqu'il s'agira de relever d'anciens pavés, la démolition en sera faite avec soin. Les cailloux à réemployer seront séparés de ceux à mettre au rebut ; l'ancienne forme sera repiquée sur 0^m 20 à 0^m 25 de profondeur, et toutes les parties terreuses et débris de cailloux seront, ainsi que les cailloux mis au rebut, enlevés et portés aux décharges publiques. Le pavé sera refait ensuite avec les mêmes soins que tout pavé neuf.

La démolition et l'enlèvement des gravois seront payés au mètre carré. Le pavage sera ensuite payé suivant son espèce.

ART. 169.

Les cailloux épincées provenant des cailloux roulés de la Garonne auront de 0ᵐ 10 à 0ᵐ 20 de queue.

On en fera sauter la tête et on abattra les aspérités à la surface de manière à la rendre plane. Les cailloux seront cassés sur les côtés afin de pouvoir être placés jointifs.

Le travail préparatoire pour le pavé en cailloux épincés maçonné en mortier sera le même que pour le pavage en cailloux ordinaires sur forme de sable.

La forme de sable aura 0ᵐ 11 d'épaisseur pour les pavés en cailloux maçonnés et 0ᵐ 18 pour les pavés en cailloux posés sans mortier.

Pour les pavés maçonnés on étendra sur la forme de sable une couche de mortier du Nº 102, dans laquelle on posera les cailloux de manière à ce qu'il reste au moins trois centimètres d'épaisseur de mortier sous la queue des cailloux. On les posera par bandes réglées serrées et en liaison, le mortier soufflant dans les joints en les frappant du marteau. Les cailloux seront assortis par parties d'égale longueur de queue. Ce pavé sera battu à la demoiselle avant que le mortier n'ait pris de la consistance et les joints seront bien unis à la truelle et sans laisser des bavures de mortier sur les pierres. Les pavés en cailloux posés sans mortier seront faits de la même manière et avec le même soin. Dans l'un et l'autre travail les pavés qui auraient été fendus ou brisés par la demoiselle seront immédiatement relevés et remplacés aux frais de l'entrepreneur.

La préparation de la forme sera toujours au compte de l'Etat.

? 3. — **Carrelages.**

ART. 170.

Pour établir un carrelage quelconque, on commencera par bien dresser le sol et on l'affermira en le pilonnant bien également. On formera ensuite un lit de sable ou de décombres passés à la claie, de 4 à 5 centimètres d'épaisseur, bien damé et dressé, soit de niveau, soit suivant les pentes que l'on voudra donner au carreau.

Le sable sera recouvert d'une couche de mortier (*de l'espèce qui sera prescrite*) d'un peu moins de 2 centimètres d'épaisseur, sur laquelle on posera les carreaux à la main, après les avoir mouillés. On les fera couler diagonalement sur la couche de mortier, afin que la pression des briques fasse souffler le mortier flottant dans les joints montants, contre lesquels il aura été d'abord relevé avec la truelle. Les cours de carreaux seront alignés au cordeau, posés en liaison, dressés bien de niveau ou selon les pentes indiquées et en suivant les compartiments qui seront fixés par l'Officier du Génie. On frappera légèrement chaque carreau avec le manche de la truelle, afin de bien serrer les joints que l'on tiendra le plus petits qu'il sera possible et cependant bien fournis de mortier. Enfin on recirera très fortement les mêmes joints avec la truelle, en ayant soin de couler du mortier dans les endroits qui n'en seraient pas exactement remplis.

Lorsque les carreaux devront être posés en plâtre sur un plancher, on pourra se dispenser d'y ajouter du sable ou des décombres, et on se contentera d'étendre sur le plancher une couche de plâtre d'un centimètre au moins d'épaisseur, à mesure que l'on posera les carreaux, en fesant refluer le plâtre dans les joints qui ne devront pas avoir plus de 2 millimètres d'épaisseur.

Quand les carreaux seront minces, on établira préalablement sur le plancher une couche de mortier mélangé de petits éclats de briques.

ART. 171.

Carrelages remaniés. On prendra toutes les mêmes précautions pour les carrelages en réparation. Dans les carrelages remaniés, tous les carreaux seront levés avec ménagement et bien nettoyés de l'ancien mortier avant d'être mis en œuvre.

ART. 172.

Atres de Four. Les carrelages, pour âtres de fours, seront faits en briques rougettes choisies, posées à sec sur forme de cendres ; ils seront disposés de manière à ce que leur diagonale soit dans le sens de l'âtre longitudinal du four, et le plus grand soin sera apporté pour faire les joints aussi serrés que possible.

ART. 173.

Mesurages. Tous les ouvrages de carrelage, tant neufs que vieux, seront mesurés au mètre carré, tous vides déduits et toutes fournitures et main-d'œuvre comprises. Néanmoins, lorsqu'il y aura lieu d'ajouter du sable ou des décombres pour former le lit du carrelage, la fourniture ou le transport de ces matières seront payés à part.

Les décarrelages seront comptés à part et payés également au mètre carré, y compris l'enlèvement des gravois et débris de carreaux.

Les carreaux susceptibles d'être réemployés seront mis à part et nettoyés à l'économie ou au cent, au prix du Bordereau, selon ce qui sera prescrit par l'Officier du Génie.

Pour les réparations faites en recherche, il sera ajouté une plus value pour chaque carreau, pour toutes les parties au-dessous d'un mètre carré.

ART. 174.

Pavés solins. L'on comptera comme carrelages au mètre carré les solins que l'on fera au pied des murs pour les raccorder avec les planches ou les carrelages. Ces solins seront faits en briques foranes ou rougettes posées en mortier ou en plâtre sur le nu du mur, et raccordées par un glacis avec l'enduit supérieur. Les prix de démolition et de plus value pour les recherches seront applicables à ce genre de travail, lorsqu'il y aura lieu.

ART. 175.

Pavé en Dalles de Pierre de Taille. Ces pavés seront faits en dalles bien saines des carrières de Villegly ; elles auront de 0m 08 à 0m 10 d'épaisseur, et seront parfaitement dressées, sans flaches ni écornures, d'une largeur égale dans chaque rang, placées en bonne liaison d'un rang à l'autre, et ayant dans chaque rang une longueur égale au moins à leur largeur. Elles seront posées sur un bain de mortier.

Ces pavés seront payés au mètre carré pour les dalles, la pose et la fourniture du mortier. La taille sera payée à part, suivant sa nature, ainsi que l'établissement de la forme.

Les pavés en dalles plus épaisses seront payés au mètre cube, au prix de la maçonnerie de pierre de taille.

CHAPITRE 5.

COUVERTURES.

§ 1er — **Matériaux rendus à pied d'œuvre ou dans les Magasins à l'Etat.**

ART. 176.

Briques sous Couverture. Les briques pour pavés sous couverture auront 0m 30 longueur, 0m 20 de largeur et 0 m 02 d'épaisseur ; elles seront de la meilleure qualité, bien cuites, sonores, bien planes, entières et sans gerçures et proviendront des briqueteries de Lasserre ou de Bouloc.

Art. 177.

Tuiles creuses.

Les tuiles ordinaires auront 0m 53 de longueur, 0m 23 de largeur à un bout, 0m 18 à l'autre bout et 0m 012 d'épaisseur. Un autre modèle de grandes tuiles, qui pourra être employé quelquefois pour les noues ou faîtages aura 0m 70 de longueur, 0m 305 de largeur à un bout, 0m 25 de largeur à l'autre bout et 0m 022 d'épaisseur.

Ces tuiles seront tirées des briqueteries de Lasserre ou de Bouloc. On pourra admettre aussi celles provenant des briqueteries de Pibrac et l'Ile. Elles seront bien moulées, d'une pâte bien homogène, bien cuites, sonores et sans soufflures.

Art. 178.

Tuiles plates à Crochet.

Les tuiles plates dont on n'aura pas l'occasion de faire un grand usage, auront 0m 245 de longueur, 0m 175 de largeur et 0m 015 d'épaisseur ; elles devront être de la meilleure qualité, bien cuites, sonores, bien planes, entières et sans gerçures.

Art. 179.

Ardoises.

Les ardoises auront 0 m 33 de longueur sur 0m 22 de largeur ; elles seront d'une couleur uniforme et unies.

Art. 180.

Lucarnes en Terre.

Les lucarnes seront bien cuites et sans gerçures ; elles seront fournies des dimensions fixées par le Bordereau.

? 2. — Ouvrages de Couvertures en Tuiles creuses.

Art. 181.

Pavés en Briques sous Couvertures.

Ce pavé sera établi sur les chevrons de la toiture, les joints montants sur le milieu de chaque chevron. Tous les joints seront tenus le plus serré possible, et seront toujours garnis en plâtre, et recirés soigneusement à l'extérieur et à l'intérieur.

Art. 182.

Couvertures en Tuiles creuses.

Les couvertures en tuiles creuses seront établies sur le pavé en briques décrites à l'article précédent, ou sur plancher, si le Chef du Génie en donne l'ordre.

Quel que soit le plan préparé pour recevoir la couverture, son inclinaison ne devra jamais être plus raide que un de hauteur sur deux de base, parce qu'autrement les tuiles seraient exposées à glisser sur le toit. Sur ce plan, on placera d'abord, suivant la direction de la ligne de plus grande pente du toit, deux rangées de tuiles ayant leur concavité en dessus, et s'emboîtant les unes dans les autres du tiers de leur longueur. Ces deux rangées seront éloignées de 0m 06 à l'endroit de la plus grande largeur des tuiles. L'intervalle entre ces deux rangées sera recouvert par d'autres tuiles ayant leur partie convexe en dessus, et s'emboîtant de la même manière que les tuiles formant canal. Ces dernières devront toujours être choisies les plus belles et les mieux cuites, attendu que c'est ordinairement leur fracture qui occasionne les gouttières.

Les tuiles du premier lit, si la couverture se fait à sec, seront soutenues de chaque côté par des cales en morceaux de pierres ou de tuileaux. Si la couverture se fait en mortier, toutes les tuiles de deux rangs seront posées en bain de mortier hydraulique et tous les joints seront recirés avec soin.

On continuera l'ouvrage sur toute l'étendue du toit comme pour les deux premières

14

lignes, en ayant soin toutefois que la première ligne de tuiles canal et de tuiles de recouvrement formant l'égout du toit soit posée en bain de mortier hydraulique, même dans le cas des couvertures à sec, et que le bas des tuiles de la seconde ligne soit scellé de même sur la ligne de l'égout.

Art. 183.

Couvertures remaniées. Les couvertures remaniées sur place, les tuiles étant relevées et nettoyées, seront refaites avec les mêmes soins et de la même manière que les couvertures neuves. Les tuiles seront bien grattées et bien purgées de tout vieux mortier, mousses et ordures.

Lorsque les tuiles ne seront pas relevées, mais simplement nettoyées sur place et la couverture rejointoyée, l'on aura soin, après avoir bien enlevé toute la mousse et autres ordures, de gratter les joints profondément, de bien les arroser, et d'y fouetter le mortier hydraulique pour le bien recirer à la truelle.

Art. 184.

Tuiles en recherche. Les réparations en recherche seront faites avec les mêmes soins que les remaniements. L'entrepreneur en sera payé au cent de tuiles mises en place, échafaudages, main-d'œuvre et toutes fournitures comprises.

On ne comptera comme couverture en recherche que des espaces isolés au-dessous d'un demi-mètre carré de superficie.

Ce travail pourra être fait à la journée et par économie, quand l'Officier du Génie le jugera convenable.

Art. 185.

Démolitions. Les démolitions seront faites avec ménagement ; et, pour intéresser les ouvriers à conserver les tuiles le plus possible, le prix du cent de tuiles conservées et nettoyées comprend une prime en sus de la journée de l'ouvrier.

Art 186.

Faîtages, Arêtiers et Noues. Les faîtages et les faîtiers seront faits habituellement en tuiles ordinaires. Les tuiles seront posées en bain de mortier hydraulique, bien alignées sur le faîte ou sur les arêtes, se recouvrant du tiers de leur longueur, et tous les joints bien garnis de mortier et bien recirés.

On emploiera, lorsque le Chef du Génie le prescrira, les grandes tuiles de 0m 70 de longueur et dont le recouvrement ne sera que de 0m 20. Elles seront posées avec les mêmes soins.

Les noues seront faites plus habituellement en grandes tuiles posées pour former canal, et pareillement en bain de mortier et les joints bien recirés.

Art. 187.

Ruellées, Solins et Filets. Les ruellées, solins et filets, raccordant les couvertures avec les murs, les lucarnes, les souches des cheminées, etc., seront en mortier hydraulique fin, reliés avec soin, tant avec les tuiles qu'avec les enduits des maçonneries.

Art. 188.

Mesurage des Couvertures. Les couvertures seront mesurées au mètre carré, tous vides déduits, les dimensions prises en dedans des faîtages, noues et arêtiers et sans aucun usage, c'est-à-dire sans y comprendre une longueur en sus pour ces faîtages, noues et arêtiers, qui seront mesurés à part, au mètre courant, et payés en sus de la couverture, au prix du Bordereau.

Lorsque des lucarnes en poterie seront placées sur les toitures, leur surface ne sera pas déduite de celle de la couverture, pour tenir compte à l'entrepreneur de la pose de ces lucarnes.

Les égouts seront mesurés dans la surface de la couverture et comptés avec elle au mètre carré, si la couverture est posée en bain de mortier. Si au contraire la couverture est posée à sec, l'égout, qui doit toujours être posé en mortier, sera compté à part et payé au mètre courant, et le mesurage de la surface de couverture à payer au mètre carré ne commencera qu'à la seconde ligne de tuiles.

Les ruellées, solins et filets seront payés à part au mètre courant. Le prix porté au Bordereau ne comprend pas de fourniture de tuiles; mais lorsque, suivant l'usage du pays, on formera les solins en appliquant des demi-tuiles le long des murs que l'on doit raccorder avec les couvertures, ces solins seront payés au prix des faîtages, arêtiers ou noues. La tuile de ces solins ne sera jamais comprise dans le mesurage de la couverture au mètre carré.

ART. 189.

Après l'achèvement des ouvrages de couverture, neufs ou de réparation, l'entrepreneur sera tenu de faire balayer les toits et cheneaux, et de dégorger les tuyaux de descente.

Il sera également tenu de faire enlever à ses frais tous les gravois provenant, soit de la construction de couvertures neuves, soit de la réparation des vieilles. Si l'Officier du Génie le juge convenable, les débris de tuiles seront déposés à part et resteront la propriété de l'Etat.

L'entrepreneur devra entretenir, à ses frais, pendant un an, toutes les couvertures neuves, sauf toutefois les dégâts provenant de force majeure et indépendants de la solidité et de la bonne confection de l'ouvrage, lesquels devront être régulièrement constatés.

Il devra aussi, toutes les fois que les couvreurs monteront sur les toits, faire remplacer toutes les tuiles dévirées, sans avoir rien à prétendre pour ce léger surcroît de travail.

Les réparations de toutes les couvertures seront faites avec célérité et ne seront jamais entreprises que par voies susceptibles d'être fermées chaque jour. L'entrepreneur sera tenu d'ailleurs de les conduire selon ce qui sera prescrit par l'Officier du Génie.

§ 3. Ouvrages de Couvertures en Tuiles plates.

ART. 190.

Couvertures en Tuiles plates.

Les tuiles plates seront posées sur des lattes ou liteaux de sapin de 0m 03 d'épaisseur et 0m 04 de largeur au moins, clouées sur tous les chevrons et espacés entre eux de 0m 12. Elles se recouvriront du tiers de leur longueur. L'égout du toit sera formé d'un double rang de tuiles. On en tiendra compte dans le mesurage en ajoutant 0m 08 à la dimension prise dans le sens de la longueur de la tuile. Ces couvertures seront payées au mètre carré, non compris le lattis, tous vides déduits.

L'entrepreneur sera tenu, pour ces couvertures, aux mêmes conditions générales détaillées à l'art. 189.

§ 4. — Ouvrages de Couvertures en Ardoises.

ART. 191.

Couvertures en Ardoises.

Quoique leur emploi soit très rare dans la place de Toulouse, on a cru devoir faire un prix pour cette espèce de couverture, parce qu'on est obligé quelquefois de recouvrir d'ardoise les joues des lucarnes ou quelques parties des combles exposées au mauvais temps.

Les ardoises se recouvriront du tiers de leur longueur, et seront fixées sur le lattis au moyen de clous. Cette espèce de couverture sera mesurée au mètre carré, tous vides déduits.

L'entrepreneur se conformera, pour cette espèce de couvertures, aux conditions générales de l'art. 189.

CHAPITRE 6.

CHARPENTE.

§ 1er — Matériaux rendus à pied d'œuvre ou dans les Magasins à l'Etat.

Art. 192.

Bois pour Fournitures. Tous les bois fournis par l'entrepreneur, soit pour approvisionnement des magasins du Génie, soit pour être de suite mis en œuvre à l'économie, seront coupés en bonne saison, de droit fil et non tranchés, sains, secs, non échauffés, sans aubier, roulures, gélivures ou nœuds vicieux.

Toute pièce qui aurait un de ces défauts sera rebutée et remportée immédiatement par l'entrepreneur.

Art. 193.

Prix des Bois pour Fourniture. Les bois pour fourniture seront payés selon les prix détaillés au Bordereau, suivant leur espèce, suivant leurs dimensions et suivant la préparation qui leur aura déjà été donnée.

Relativement aux dimensions, on distinguera les gros bois, les bois ordinaires et les bois de menue charpente.

Le chêne grossièrement équarri, tel que le livre le commerce, devra, pour être réputé gros bois, avoir plus de 8 m 00 de longueur et plus de 0 m 35 de grosseur. (La grosseur étant la plus forte dimension de l'équarrissage prise au milieu de la pièce).

Pour le chêne travaillé, il sera gros bois lorsque sa longueur excèdera 8 m 00 et sa grosseur 0 m 30.

Le sapin du commerce sera gros bois lorsque sa longueur excèdera 12 m 00 et sa grosseur 0 m 40, et le sapin travaillé lorsque sa longueur excèdera 12 m 00 et sa grosseur 0 m 35.

Les bois, de quelque espèce qu'ils soient, seront réputés bois de menue charpente lorsque l'une de leurs dimensions sera de 0 m 10 ou au-dessous jusqu'à 0 m 054, où ils deviennent bois de menuiserie.

Entre les gros bois et les bois de menue charpente, tous les bois sont réputés bois ordinaires.

Nonobstant cette classification, l'on ne paiera pas comme bois de menue charpente les madriers que l'on trouve dans le commerce et dont une dimension est au-dessous de 0 m 10. Le Bordereau comprend des prix spéciaux pour ce genre de fourniture.

Relativement au travail déjà subi par les bois, ils seront aussi partagés en trois classes, savoir :

1o Les bois grossièrement équarris, c'est-à-dire tels que les livre le commerce.

2o Les bois refaits, c'est-à-dire dressés à la hache et la bisaigue, ou même à la scie (*suivant l'usage de Toulouse*) pour régler les dimensions de l'équarrissage , selon ce qui sera prescrit par l'Officier du Génie.

3° Les bois équarris à vive arête.

Les bois refaits auront leurs quatre faces dressées sur toute leur longueur , et il n'y sera jamais toléré de flache de plus d'un sixième de la largeur de la face , soit d'un côté , soit de l'autre.

Les bois équarris à vive arête auront effectivement les arêtes vives et formées par l'intersection des deux faces. Il ne pourra jamais être toléré sur ces arêtes d'arrondissement que par petites parties de 0 m 60 de longueur au plus , et dont la dépression n'excédera pas un centimètre.

Les bois de menue charpente seront toujours équarris à vive arête.

Les faibles équarrissages des bois des Pyrénées , et surtout leur mauvaise qualité , doivent les faire rejeter de toutes les constructions. A défaut d'autre bois , si le Chef du Génie en autorisait l'emploi , il serait payé à l'entrepreneur au prix des bois de sapin de Lyon.

§ 2. — **Ouvrages de Charpente.**

ART. 194.

Exécution de la Charpente.

Tous les ouvrages de charpente seront bien soignés dans leur exécution , travaillés proprement et solidement assemblés à tenons et mortaises , embrèvements , entailles , crémaillères ou de toute autre manière , suivant les règles de l'art et d'après les ordres de l'Officier du Génie. Seront rebutées , sans aucune tolérance , toutes les pièces où les assemblages ne feraient pas joindre exactement toutes les faces , ou pour lesquelles on n'aurait obtenu ce résultat qu'au moyen de cales ou d'alèses.

Toutes les chevilles seront en bois de chêne de droit fil.

Les assemblages seront consolidés , si l'Officier du Génie le prescrit, par des boulons , étriers , frettes ou autres ferrures.

Tous les bois engagés dans la maçonnerie seront garnis d'argile ou de plâtre , selon que le prescrira l'Officier du Génie , dans toute la partie qui devra toucher la maçonnerie , et l'on ménagera autant que possible à chaque extrémité des pièces , dans tout le reste de l'épaisseur des murs , une ouverture pour que l'air extérieur arrive jusqu'au bois et le dessèche complétement, s'il y existait encore un peu d'humidité.

ART. 195.

Prix des Ouvrages de Charpente.

Tous les ouvrages de charpente seront payés au mètre cube. Ils seront mesurés suivant leurs dimensions réelles, sans avoir égard aux usages qui peuvent être suivis dans le pays. Les longueurs seront comptées , y compris les scellements , les tenons et les croisements des pièces, lorsque l'entrepreneur aura été autorisé à ne pas fournir la longueur en une seule pièce. L'équarrissage sera pris au milieu de la longueur. Pour les pièces cintrées , élégies et délardées pour escaliers , lucarnes , etc. , on comptera le plus petit parallélipipède rectangle dans lequel la pièce pourrait être contenue.

Le Bordereau fixe les différents prix du mètre cube , suivant les espèces de bois avec ou sans assemblages. On considérera comme sans assemblages les pièces qui ne seraient réunies que par des entailles ou des embrèvements. Il sera accordé une plus value pour les ouvrages de sujétion , c'est-à-dire pour ceux où la multiplicité et la complication des assemblages , ou bien les différentes tailles successives à y pratiquer rendraient réellement le prix fixé pour les assemblages ordinaires insuffisant.

L'application de cette plus value n'aura lieu que par autorisation du Chef du Génie

15

qui décidera quelles parties d'ouvrages de charpente peuvent être considérées comme de sujétion. Elle ne sera jamais appliquée à la charpente pour limons d'escalier pour lesquels il a été établi des prix particuliers.

Les prix fixés pour le mètre cube comprennent toutes les fournitures et déchets, tous les assemblages, chevilles, trous de chevilles, etc., etc., les échafaudages, la pose des ferrures, l'enduit en plâtre ou en argile des parties scellées dans les murs, la façon des scellements, toutes les fois qu'ils ont lieu pendant la construction des murs, etc., etc.

Si les pièces doivent être scellées dans les murs existants, les scellements seront payés à part. Pareillement, si quelques entailles, coupements, tenons ou mortaises doivent être faits pour raccordements dans des pièces d'anciennes charpentes qui ne seraient pas remaniées, ils seront payés à part et exécutés à l'économie.

Dans les ouvrages en bois à l'Etat, le transport du magasin sur les chantiers sera aux frais de l'Etat. Tous les bouts tombants et les recoupes appartiendront à l'Etat.

ART. 196.

Charpentes provisoires. Les charpentes provisoires en bois fourni par l'entrepreneur et qui lui appartiendront encore après la dépose, seront payées à des prix particuliers, selon le travail de mise en œuvre pour étais, étressillons, rampes et ponts de service, etc., ou pour cintres de voûtes.

L'équarrissage des bois employés à ces charpentes ne devra pas dépasser les dimensions fixées par l'Officier du Génie ; et si l'entrepreneur, pour éviter des déchets, employait des bois plus forts, il ne lui serait tenu compte de l'ouvrage que d'après le cube des bois qui lui auraient été commandés.

Les prix des charpentes provisoires seront appliqués chaque fois que les bois seront remis en œuvre avec ou sans assemblages. Néanmoins, si dans la même campagne et sur le même atelier, les mêmes bois devaient être employés plusieurs fois pour étais ou cintres absolument semblables et n'exigeant qu'une simple dépose et repose, on ne paierait comme charpente provisoire que la première mise en œuvre, et chaque repose suivante serait payée comme charpente ordinaire à l'Etat, posée sans assemblages.

ART. 197.

Démolitions, Transports. Les démolitions de charpente seront faites avec soin et de manière à ne pas endommager les bois. Toute pièce susceptible d'être réemployée, et qui se trouverait mise hors de service par négligence ou maladresse, serait remplacée par une pièce neuve aux frais de l'entrepreneur.

Les démolitions seront payées au mètre cube, avec ou sans transport, selon qu'il y aura lieu.

ART. 198.

Sciage et Rabotage. Le sciage et le rabotage seront payés au mètre carré, lorsqu'ils seront ordonnés spécialement sur des bois appartenant à l'Etat ou sur des bois payés au mètre cube, et pour lesquels ces façons seraient ajoutées à la main-d'œuvre comprise dans les prix au Bordereau.

CHAPITRE 7.

MENUISERIE.

§ 1er. — **Planches rendues à pied d'œuvre ou dans les Magasins à l'Etat.**

ART. 199.

Conditions générales. Toutes les planches en bois quelconque, livrées par l'entrepreneur pour fourniture ou destinées à être employées à des ouvrages de menuiserie quels qu'ils soient, seront bien saines, sans aubier, nœuds vicieux, gerçures, ni piqûres, bien sèches, et ayant au moins deux ans de sciage et de séjour dans les magasins de l'entrepreneur.

Art. 200.

Approvisionnement obligé de l'Entrepreneur.

Pour la garantie de la condition du temps de sciage et d'emmagasinement des bois, l'entrepreneur sera tenu d'avoir constamment en approvisionnement, les remplaçant au fur et à mesure de la consommation, les quantités suivantes de planches de chaque essence et dimension ; savoir :

Planches de chêne brutes,	de 0ᵐ054 d'épaisseur,	150 mètres carrés.	
Idem	de 0ᵐ041	idem 100	idem.
Planches de noyer ou de châtaignier,	de 0ᵐ054	idem 30	idem.
Idem idem	de 0ᵐ041	idem 30	idem.
Idem idem	de 0ᵐ033	idem 30	idem.
Planches de sapin de Lyon,	de 0ᵐ051	idem 50	idem.
Idem	de 0ᵐ042	idem 100	idem.
Planches de sapin du Nord,	de 0ᵐ051	idem 50	idem.
Idem	de 0ᵐ041	idem 100	idem.
Idem	de 0ᵐ033	idem 200	idem.
Idem	de 0ᵐ021	idem 108	idem.

Ces approvisionnements seront faits de telle sorte que les planches, de quelque nature qu'elles soient, aient deux ans de conserve dans les magasins de l'entrepreneur avant d'être employées.

Art. 201.

Paiement des Planches.

Retenue de Garantie.

Toutes les fournitures de planches seront payées au mètre carré, suivant l'essence du bois et suivant l'épaisseur.

Les épaisseurs portées au Bordereau ayant été fixées d'après ce que fournit le commerce ou ce qu'il est facile d'en obtenir par le sciage, sont obligatoires, et il ne sera jamais toléré plus d'un millimètre de moindre épaisseur.

Les prix du Bordereau ont été fixés aussi de manière à comprendre l'intérêt de l'avance de fonds qui est imposée à l'entrepreneur pour son approvisionnement de planches. Mais comme cet intérêt ne peut lui être dû que si l'approvisionnement est réel, il devra joindre à l'appui de la comptabilité de chaque exercice un certificat du Chef du Génie constatant qu'au 1er octobre de l'année précédente l'approvisionnement était au complet. Faute par l'entrepreneur de produire ce certificat, il lui sera fait sur les sommes qui lui seront dues une retenue fixée au Bordereau (Nᵒ 527) à 200 fr. pour les travaux ordinaires, et pour les travaux extraordinaires à l'intérêt à 5 pour 100 de la valeur des planches de toute nature dont l'approvisionnement lui aurait été ordonné, et qu'il n'aurait pas entièrement réalisé en temps utile.

Le certificat sera établi dans la forme suivante :

Je soussigné .... Chef du Génie de la place de Toulouse, certifie avoir vérifié aujourd'hui les magasins de l'entrepreneur, et y avoir constaté l'existence de l'approvisionnement de planches qu'il est tenu d'avoir, en exécution de l'art. 200 du Devis. Je déclare, en conséquence, qu'il n'y aura pas lieu de lui faire sur les comptes de l'exercice prochain 185.... la retenue de 200 fr. ordonnée éventuellement par l'art. 201 du Devis.

Ce certificat sera soumis, aux frais de l'entrepreneur, à la formalité de l'enregistrement avant le 10 octobre.

La retenue ci-dessus à faire éventuellement ne dispensera pas l'entrepreneur de

l'obligation de fournir des bois secs; et dans le cas où ceux qu'il emploierait ne satis-
feraient pas à cette condition, le Chef du Génie les refuserait et s'en procurerait à tout
prix dans le commerce. L'achat de ces bois serait payé par l'entrepreneur avant toute
autre dépense, comme il est dit à l'art. 26 des conditions générales, et néanmoins les
travaux ne seraient payés à l'entrepreneur qu'aux prix du Bordereau.

A l'expiration du marché, l'approvisionnement de planches sera remis complet au
nouvel entrepreneur, qui sera tenu de le reprendre comme le reste du matériel de
l'entreprise.

§ 2. — Ouvrages de Menuiserie.

ART. 202.

Ouvrages de Menuiserie.

Tous les ouvrages de menuiserie seront faits proprement et solidement, suivant les
règles de l'art et chacun suivant leur espèce.

Planchers.

Pour les planchers, les planches seront posées à joints plats ou assemblées à rainures et languettes brutes ou blanchies à la varlope d'un côté ou sur tous les deux,
suivant ce qui sera ordonné. Quel que soit le mode d'assemblage ordonné, les planches
doivent être bien dressées et d'égale largeur sur toute leur longueur.

Les languettes auront communément le tiers de l'épaisseur de la planche, et moitié
de cette épaisseur pour largeur.

Autant que possible les planches resteront 3 ou 4 mois d'été délignées et rabotées
dans un lieu bien aéré avant d'être mises en œuvre.

Dans les planchers rabotés on tâchera de choisir les planches d'égale largeur pour
une même file. Elles seront placées à joints croisés, c'est-à-dire que les extrémités de deux planches collatérales ne devront point porter sur le même gîte, mais
se recouper de 2 ou 3 lambourdes. Le recroisement des joints qui ne sera pas de ri-
gueur pour les planchers bruts, sera rigoureusement exigé pour toutes les autres sortes
de planchers. Les planches entreront de deux centimètres dans le crépis du mur. On
fera un encadrement de 10 à 15 centimètres de largeur autour des âtres de cheminée ;
il sera payé comme le reste.

Après la pose, les arêtes et les inégalités seront rabotées aux frais de l'entrepreneur.

Dans les planchers ordinaires, de toute la largeur de la planche, chaque planche
sera fixée sur chaque lambourde par trois clous à tête perdue.

Dans les planchers en planches refendues, chacune d'elles sera fixée sur chaque
lambourde par quatre clous inclinés dans le champ du bois, de manière à ne pas pa-
raître sur le plancher. La longueur des clous qu'on emploiera sera au moins de deux
fois et demi l'épaisseur de la planche. Ils seront d'un fer doux et liant, à petite tête.

Pour les parquets à point de Hongrie, on suivra les indications données par l'Officier du Génie, pour la longueur et la disposition des planches.

L'entrepreneur restera responsable de toutes les avaries qui surviendraient au plancher pendant l'année qui suivra leur construction, et qui proviendraient de mal façon
ou de défaut de sècheresse dans les bois. Il sera obligé de relever, ou même de remplacer à ses frais, les planches qui se seraient gauchies ou dont les joints se seraient
ouverts.

Planchers relevés.

Lorsque les planchers devront être relevés, la démolition en sera faite avec toutes
les précautions convenables pour ne pas endommager les planches. Les clous seront
arrachés et redressés. La repose sera faite avec les mêmes soins que pour les planchers
neufs.

Cloisons, Tablettes, etc.

Lorsqu'il sera fait des cloisons, tablettes, dessus de tables et autres ouvrages de
même travail que les planchers et sans autres assemblages qu'à mi-bois ou à rainures

et languettes, ils seront considérés comme planchers, établis avec les mêmes soins et payés de même.

Ouvrages dits plus spécialement Menuiserie. Lorsque les assemblages seront plus compliqués, à tenons et mortaises, avec embrèvements, clés, emboîtures, collés dans les joints, etc., etc., les ouvrages seront appelés plus spécialement MENUISERIE, et partagés en menuiserie unie, menuiserie double, menuiserie à panneaux, châssis de croisée, persiennes, etc.

Menuiserie unie. La menuiserie unie sera assemblée à rainures et languettes, ou à tenons et mortaises avec clés dans les joints, lorsque l'Officier du Génie le prescrira; elle sera toujours bien collée dans ses assemblages et proprement rabotée sur toutes ses faces.

L'Officier du Génie fera ajouter à cette menuiserie, lorsqu'il le jugera convenable, des emboîtures, des barres assemblées à queue d'aronde, ou des montants et des traverses simplement clouées avec moulures sur les arêtes. Ces barres seront toujours en chêne, quel que soit le bois de l'ouvrage principal.

Menuiserie double. La menuiserie double sera formée de deux épaisseurs de planches solidement clouées et assemblées, soit à rainures et languettes, soit à recouvrement de 0^{m}015 au moins, de manière que les planches en se retirant ne laissent point de séparation visible.

La forme simple de la moulure et des ravalements sera donnée par l'Officier du Génie.

Menuiserie à Panneaux. Dans la menuiserie à panneaux, les bâtis seront assemblés à tenons et mortaises, et les panneaux à rainures et languettes; le tout bien collé, proprement raboté et passé à la pierre ponce.

L'Officier du Génie indiquera la forme à donner, soit aux panneaux, soit aux moulures et ravalements.

Châssis de Croisée. Les dimensions des diverses parties des croisées qui seront faites pour les bâtiments militaires seront fixées comme il suit, quel que soit le bois qu'il sera prescrit à l'entrepreneur d'employer.

Les traverses inférieures, soit des châssis, soit des dormants, porteront jets d'eau, et seront en bois qui aura au moins. . . . . 0^{m}080 d'équarrissage.

Les montants et traverses supérieures des dormants auront. 0^{m}044   idem.

Les montants de recouvrement du milieu des châssis mobiles. 0^{m}10 sur 0^{m}04

Les autres montants et les traverses supérieures. . . . . 0^{m}08 sur 0^{m}03

Les petits bois. . . . . : . . . . . 0^{m}03 à 0^{m}04 d'équar.

Toutes les pièces seront exactement débitées de droit fil, proprement travaillées et assemblées à tenons et mortaises. On suivra pour les profils et moulures les formes qui seront indiquées par l'Officier du Génie.

Le Bordereau fixe les prix de deux espèces de croisées : la première pour les châssis à grands carreaux, c'est-à-dire ne comportant qu'un carreau sur la largeur du châssis mobile; la deuxième pour les châssis à petits carreaux, qui ont deux carreaux sur la largeur du châssis mobile.

Persiennes. Les persiennes seront en bois de 0^{m}04 d'épaisseur. Les montants auront 0^{m}10 de largeur, et les traverses 0^{m}15 de hauteur. Les assemblages, soigneusement faits, à tenons et mortaises. Les lames seront débitées de 0^{m}015 d'épaisseur, et de la largeur nécessaire pour affleurer la face extérieure du châssis et dépasser la face intérieure de 0^{m}015. Elles seront espacées de 0^{m}025, et posées dormantes ou mouvantes, selon ce qui sera prescrit par l'Officier du Génie. Les lames dormantes seront assemblées par embrèvement dans les montants, maintenues par le talon de la partie en saillie à l'intérieur, et par une pointe sur ce talon à chaque bout.

Parties en remplacement. Les parties de croisées à remplacer seront faites avec les mêmes soins que les parties neuves. Les parties conservées des assemblages seront retaillées.

Plinthes, Cymaises, etc. Les plinthes, cymaises, corniches, chambranles, seront bien dressés, de droit fil, corroyés sur les faces vues, avec ou sans assemblages ; les moulures bien faites et à vives arêtes, s'il y a lieu, se raccordant exactement dans les angles.

ART. 203.

Mesurage des Ouvrages de Menuiserie. Tous les planchers, ouvrages de menuiserie unie, double ou à panneaux, seront mesurés et payés au mètre carré, mis en place, y compris toute fourniture de clous, colle, etc.

Un article seulement, spécifié au Bordereau, ne comprend pas la fourniture des clous. Cet article est relatif aux planchers provisoires de pont de service, parce que l'on peut souvent se dispenser de les clouer.

Les prix des planchers relevés comprennent la démolition et la repose avec la fourniture des clous nécessaires.

Les châssis de croisée et les persiennes se paient aussi au mètre carré, mesurés comme pleins, mis en place, y compris les solins en plâtre ou en mortier le long des châssis dormants, tant intérieurs qu'extérieurs. Toutes les ferrures et la peinture seront payées à part.

Pour la partie circulaire seulement des châssis de croisée, on paiera une plus-value qui sera les 2/5 du prix correspondant aux diverses espèces de châssis de croisée.

Les emboîtures, barres, montants et traverses, avec moulures sur l'arête adaptées à la menuiserie, sont mesurées à part et payées au mètre courant. Dans ce cas, le mesurage de la menuiserie au mètre carré ne comprend pas la surface des emboîtures.

L'on paiera également au mètre courant les bois de croisées en remplacement, et les plinthes, cymaises, chambranles et corniches. La pose et la fourniture des clous sont aussi comptées pour ces ouvrages dans les prix, qui sont différents d'après l'épaisseur et la largeur des bois, et selon qu'ils sont unis ou avec moulures.

CHAPITRE 8.

FERRONNERIE ET SERRURERIE.

§ 1er — **Ferronnerie.**

ART. 204.

Fourniture des Fers. Tous les fers employés seront de la meilleure qualité, doux, nerveux et liants, faciles à souder. Ceux qui seraient aigres, cassants ou qui auraient des pailles, seraient rejetés. Les fers employés pour les travaux militaires seront ceux connus dans le commerce sous le nom de pur Périgord, provenant des fontes du Périgord, sans aucun mélange, fabriqués par la maison Porteries père et fils, ou par l'usine de Decazeville. Les fers de l'Ariége travaillés au marteau pourront aussi être employés pour les travaux qui n'exigeraient pas des équarrissages réguliers et à vive arête. Si le Chef du Génie autorisait ou ordonnait l'emploi des fers provenant d'autres forges et auxquels il aurait reconnu toutes les qualités désirables, les prix portés au Bordereau seraient modifiés à l'estimation, d'après le prix de revient des nouveaux fers.

ART. 205.

Fers neufs en œuvre. Les fers pour ouvrages de ferronnerie seront travaillés proprement, avec toutes les sujétions qu'exigera l'espèce d'ouvrage dans laquelle ils devront être classés. Ils seront payés au kilogramme, toute fourniture, main-d'œuvre et pose comprises, même les entailles dans les bois lorsqu'il en sera ordonné. Les scellements seront payés à part, lorsqu'ils ne seront pas faits pendant la construction de la maçonnerie, ainsi que cela a été dit, chap. 3, art. 160.

Les fers seront tous pesés avant la mise en place ; et si l'entrepreneur négligeait de le faire faire en présence de l'Officier ou du Garde du Génie, il serait tenu de les faire déplacer, peser et replacer à ses frais.

Les prix du kilogramme de fer mis en œuvre sont établis suivant les six espèces de travaux définies dans les articles suivants.

Art. 206.

Fers de 1re espèce.

Première espèce. — Fers au-dessus de 6 kilogrammes. — Simple travail de forge au marteau, sans coudes d'équerre ou à vive arête, ni percements de trous — Tels que : ancres, tirants, plates-bandes, linteaux de portes et fenêtres, bandes de trémie, barres de languettes cintrées et non cintrées, manteaux de cheminées, queues de carpe, barreaux de croisée en fer carré, appuis de croisées, corbeaux à scellements sans talons, crapaudines pour portes, chevêtres, etc.

Art 207.

Fers de 2e espèce.

Deuxième espèce. — Fers au-dessus de 6 kilogrammes. — Travail de forge nécessitant coudes d'équerre ou à vive arête et percements de trous, etc. — Tels que : les ouvrages de la première espèce portant coudes d'équerre et percement de trous ; plus, arcs-boutants avec vertevelles. — Etriers ordinaires et frettes. — Harpons de râteliers et de mangeoire d'écurie. — Corbeaux à scellement et talons. — Potences à scellements et supports contournés ou non contournés. — Boulons carrés de 0 m 027 de côté et au-dessus, taraudés ou à clavettes. — Barreaux de croisées à pattes. — Ceintures de fourneaux du Mémorial du Génie, No 9, 1827. — Cercles de roue et autres analogues, etc.

Art. 208.

Fers de 3e espèce.

Troisième espèce. — Fers au-dessous de 6 kilogrammes. — Même travail de forge que ceux de la deuxième espèce. — Tels que : les ouvrages de la deuxième espèce pesant moins de 6 kilogrammes ; plus, équerres en fer plat à scellement et autres. — Cercles en fer plat pour roues de brouettes. — Support de râteliers d'armes et de tablettes. — Crochets de couvreur, crochets de portes avec pitons à scellement ou à pointe, ou sans pitons et autres crochets semblables. — Colliers sans charnières, fixés par scellement ou par tout autre moyen. — Fortes pattes coudées ou non coudées. — Broches non comprises dans la clouterie. — Chapes de poulie et autres. — Grosses chaînes ordinaires pour ponts-levis, etc.

Art. 209.

Fers de 4e espèce.

Quatrième espèce. — Fers d'un poids quelconque. — Travail de forge nécessitant assemblages à tenons et mortaises, à queue d'aronde, à filets et écroux, etc. — Tels que : tous fers estampés, ronds, plats ou carrés, portant tenons, mortaises, rivures. — Châssis de portes de fourneaux, du Mémorial du Génie, No 9, 1827. — Grilles dormantes en fer rond ou carré, à lames en fonte, grilles mobiles tournant sur tourillon ou sur pivots, sans aucun ornement, mais avec traverses sans congés ou avec congés ; grilles maillées pour jours de souffrance, mobiles ou dormantes, châssis en fer rond pour grillages. — Pentures ordinaires non entaillées, avec gonds à scellements ou gonds à pointe seulement ou à pattes et à pointes. — Fléaux de portes cochères, charretières, etc., avec supports non mobiles. — Rampes ordinaires à barreaux droits en fer limé, recouvertes ou non d'une plate-bande estampée servant de main courante. — Colliers à charnière, fixés par scellement ou par tout autre moyen. — Grilles de fourneaux ou de regards. — Boulons ronds taraudés ou à clavettes, au-dessus de 0 m 16 de longueur et de 0 m 014 de diamètre. — Balanciers de pompe de toute espèce avec son armature, plates-bandes diverses, entaillées et non entaillées. — Chaînes maillées pour puits, écurie, etc.

ART. 210.

Fers de 5ᵉ espèce.

Cinquième espèce. — Fers d'un poids quelconque. — Travail de forge multiplié et de sujétion et travail à la lime sur plusieurs parties. — Tels que : grilles portant ornement, à un ou plusieurs venteaux, en fer rond ou carré, ouvrant à tête de compas et ayant plusieurs traverses à congés ou à doubles congés. — Ferrures de porte cochère, telles que pivots à équerre, verroux à bascule ou autres analogues ; supports de fléaux à charnières, pentures à double équerre avec ou sans gonds, à plusieurs scellements, pentures entaillées à charnière et double charnière, doubles équerres, charnières entaillées et non entaillées. — Portes de fourneaux de cuisine, du Mémorial du Génie, Nᵒ 9, 1827 ; châssis dormants ou mobiles d'écurie.—Rampes en fer rond à barreaux droits, à col de cygne ou à support. — Boulons ronds taraudés ou à clavettes au-dessous de 0 m 16 de longueur et 0 m 014 de diamètre. — Clavettes de toute espèce au-dessus de 0 kil. 35.—Mains de sceaux de puits et d'écurie. — Paratonnerre, conducteurs et accessoires, etc.

ART. 211.

Fers de 6ᵉ espèce.

Sixième espèce. — Fers d'un poids quelconque. — Même travail de forge que celui de la cinquième espèce et travail à la lime très multiplié. — Tels que : paumelles portant double équerre, proprement travaillées et entaillées, pour persiennes, etc. — Petites équerres doubles à façons. — Tous ouvrages qui ne seront pas de quincaillerie, ni compris dans les objets à façon portés au Bordereau et qui seront polis à la lime douce, etc.

ART. 212.

Application des Prix.

Les prix des diverses espèces de fer seront appliqués en général à tout un ouvrage ou au moins à toute une barre de fer. Néanmoins, dans quelques cas particuliers le Chef du Génie pourra faire appliquer différents prix, non-seulement à diverses pièces d'un même ouvrage, mais encore à diverses parties d'une même barre. Ainsi, par exemple, dans un garde-corps de pont où les supports montants sont à grande distance les uns des autres, ces supports composant des assemblages fort rapprochés avec la lisse, les sous-lisses, les arcs-boutants ou consoles, seront naturellement portés en entier à la quatrième espèce ; les sous-lisses qui ne comportent qu'un assemblage à chaque bout, et qui, sur le reste de la longueur, n'exigent aucun travail si elles ont été achetées équarries, seront comptées sur 0 m 40 de longueur à chaque bout comme quatrième espèce, et pour le reste de la barre comme de première espèce. Les lisses, si elles sont rivées à une plate-bande servant de main courante, seront en entier de la quatrième espèce, ainsi que la plate-bande ; mais si elles sont simples, elles seront partagées en parties de quatrième espèce correspondant aux assemblages avec les montants, et en parties de première espèce dans les intervalles ; si la direction du garde-corps oblige à des coudes à vive arête dans les lisses ou sous-lisses, Il sera compté un mètre de longueur de chaque côté de l'angle comme fer de deuxième espèce.

ART. 213.

Fers fournis par l'Etat. Les vieux fers provenant de démolition ou du magasin du Génie, pourront être livrés à l'entrepreneur pour être façonnés ou simplement reforgés.

ART. 214.

Fers façonnés. Les fers façonnés sont ceux travaillés comme fers neufs et convertis en ouvrages quelconques, ayant les mêmes classifications que celles des fers neufs. Ils seront payés au kilogramme, et l'entrepreneur devra en rendre un poids égal en œuvre à celui qui lui aura été fourni, attendu qu'il est compté dans l'évaluation des prix une fourniture de fer neuf égale au déchet que doivent subir les fers livrés à l'entrepreneur.

ART. 215.

Fers reforgés. Les fers reforgés sont ceux simplement passés au feu, ressoudés et retravaillés, sans changer essentiellement de formes et d'objet. Ils seront payés également au kilogramme, et seulement à deux prix différents, suivant qu'ils seront au-dessus ou au-dessous de 6 kilogrammes.

Il sera passé à l'entrepreneur un déchet de un vingtième du poids primitif des fers reforgés. On ne paiera comme fers reforgés que la pièce passée au feu. Si cette pièce appartient à un objet formé de plusieurs autres pièces, il sera tenu compte à l'entrepreneur du temps employé pour enlever et replacer la pièce reforgée. Lorsque l'Officier du Génie le jugera convenable, il sera libre de faire à l'économie le travail entier des fers reforgés. La dépose et le transport à la forge seront faits au compte de l'Etat.

§ 2 — **Fonte.**

ART. 216.

Fontes. Les fontes seront de première qualité, sans soufflures, ni fentes, ni écornures.

Les ouvrages en fonte seront partagés en quatre classes, savoir :

1º Pour plaques de cheminées et autre semblables, pleines, unies, ou avec empreinte d'un dessin.

2º Pour plaques percées de trous, tuyaux de descente, de conduite d'eau ou de chaleur, grilles, châssis, etc.

3º Pour tuyaux coudés dans l'intérieur des poêles, poêles à cloche, marmites et autres ouvrages semblables.

4º Pour menus ornements, comme bases, chapiteaux, rosaces, etc.

Quant aux objets qui devraient être fondus sur modèles exprès donnés par le Chef du Génie, ils seront payés comme dépense sèche, ou bien il sera fait un prix d'estimation pour la fourniture du modèle et la perte de main-d'œuvre que pourrait occasionner l'apprentissage des ouvriers pour faire les premiers moulages, et la fonte sera payée séparément, au prix fixé pour la classe dans laquelle rentreront les ouvrages.

ART. 217.

Paiement des Fontes. Les ouvrages en fonte seront payés au kilogramme, mis en place, tout compris, sauf la fourniture des pattes ou brides en fer et les scellements.

§ 3. — **Tôles pour Poêlerie, Recouvrement, etc.**

ART. 218.

Tôles. Indépendamment des parties en tôle qui peuvent se trouver comprises dans les fers

17

forgés de cinquième et sixième espèces, il est porté au Bordereau des prix spéciaux pour les tôles de la poêlerie, des recouvrements de bois, etc.

Les tôles employées pour ces ouvrages seront de la meilleure qualité des forges d'Audincourt (Doubs), nerveuses, liantes, pouvant se souder facilement, sans fentes ni gerçures.

Les ouvrages en tôle seront payés au kilogramme, toute fourniture, main-d'œuvre et mise en place comprises, à des prix différents fixés au Bordereau d'après la nature de l'ouvrage.

Dans le prix des tôles pour recouvrement de bois, on a supposé l'emploi de clous pour fixer la tôle. Si le Chef du Génie exigeait l'emploi de vis à bois, il serait accordé une plus value à fixer d'après la différence des prix des vis commandées et des clous.

§ 4. — Grillages en Fil de Fer.

Art. 219.

Grillages en Fil de Fer.

Les Grillages en fil de fer seront faits avec des fils de la première qualité, d'une grosseur uniforme et différente, suivant la grandeur des mailles du grillage.

Pour les mailles de 15 millimètres de côté, on emploiera le fil No 5, de 195 mètres au kilogramme.

Pour celles de 20 millimètres de côté, le fil No 6, de 160 mètres au kilogramme.

Idem	de 25	idem	idem	No 7, de 140	idem.
Idem	de 30	idem	idem	No 9, de 87	idem.
Idem	de 40	idem	idem	No 11, de 50	idem.

Les grillages seront payés au mètre carré, non compris les châssis en fer ou en bois, les clous ni la peinture.

§ 5. — Serrurerie et Quincaillerie.

Art. 220.

Conditions générales.

Tous les objets de serrurerie et de quincaillerie seront de première qualité et des dimensions, forces et formes indiquées au Bordereau, et conformes d'ailleurs en tout point aux modèles déposés au Bureau du Génie, et dont l'entrepreneur doit prendre connaissance. Toute pièce qui ne serait pas exactement semblable à ces modèles sera refusée.

Les objets de serrurerie et de quincaillerie seront payés à la pièce ou au mètre courant, ainsi que cela est fixé au Bordereau. Ces prix comprennent, outre la fourniture de l'objet, le repassage de ceux qui ne seraient pas de main de maître, et la pose avec fourniture des clous, vis et boulons nécessaires pour les attacher.

La pose sera faite avec tous les soins et précautions que chaque partie exige ; et si quelque pièce n'etait posée et ajustée avec assez de précision, elle serait déposée et reposée aux frais de l'entrepreneur.

Art. 221.

Serrures.

Toutes les serrures, depuis le No 723 du Bordereau jusqu'au No 728 inclus, seront de main de maître et non de quincaillerie, exactement conformes au modèle pour le nombre, la disposition et la force des pièces. Elles devront avoir au moins les poids indiqués ci-après :

Les serrures de 0m 25 sur 0m 15 (No 723 du Bordereau), pèseront au moins 2 kilogr.

| Idem | de 0m 19 sur 0m 09 (No 724) . . . . 1 k 72 |
| Les serrures à bosse de 0m 20 de longueur (No 725). . . . . 3 k 00 |
| Idem | de 0m 15 | idem | (No 726). . . . . 2 k 00 |
| Idem | de 0m 10 | à 0m 15 | (No 727). . . . . 1 k 50 |

Et celles qui seraient commandées spécialement au-dessous de 0m 10, environ. 1 k 00

Les serrures noircies de 0m 11 à pêne dormant et à demi–tour (N° 728). 0 k 80

Toutes ces serrures , excepté la dernière , seront fixées avec des boulons.

Les prix portés au Bordereau pour chaque serrure ne comprennent pas , pour les serrures à bosse , la fourniture du verrou , qui sera payé à part comme ouvrage de ferronnerie.

Si le Chef du Génie prescrit que les serrures soient travaillées avec encore plus de soin et de délicatesse que les modèles , et que toutes les pièces soient limées , polies à l'émeri et brunies , il sera alloué en plus value pour chaque serrure une journée de serrurier.

Serrures à deux Pênes, Petites Serrures pour Tiroirs, et Placards, et Becs de Canne.

Les autres serrures à deux pênes , les petites serrures pour tiroir et placard et les becs de canne , seront choisis dans la quincaillerie fine et conformes aux modèles , et ils seront revus et repassés par un maître serrurier. Ils seront avec boutons ou avec bascules , selon ce qui sera prescrit , et posés avec vis à bois , ainsi que les serrures du N° 728.

Art. 222.

Remplacements , Réparations.

Les remplacements des pièces principales aux serrures , comme clés , gâches , entrées , boutons ou bascules de manivelles , etc. , seront payés à part aux prix du Bordereau ; mais les remplacements de menues pièces dans l'intérieur seront compris dans le prix fixé pour les réparations des serrures avec fournitures de quelques pièces.

Art. 223.

Cadenas.

Les cadenas seront choisis dans la quincaillerie , et payés à la pièce , suivant leurs dimensions. Il y aura deux prix pour les réparations de cadenas avec ou sans fourniture de pièces.

Art. 224.

Loquets.

Les loquets , soit à poucier , soit à boutons olives , seront proprement limés , exactement ajustés , et les plaques posées avec entailles dans les bois et fixées par des vis.

Ils seront payés à la pièce pour la fourniture et la pose de toutes les pièces. Ce ne sera que pour les remplacements partiels que l'on appliquera le prix du Bordereau pour les différentes parties séparées qui seront également conformes aux modèles et des mêmes poids.

Art. 225.

Espagnolettes.

Les espagnolettes seront toujours en fer parfaitement calibré et limées à la lime douce. La poignée et son bouton seront estampés et proprement travaillés.

Les espagnolettes seront payées au mètre courant.

L'on comptera , en sus de la longueur , 25 centimètres pour la poignée pleine. Si la poignée est évidée , il sera ajouté , en outre , la plus value fixée par l'art. 758 du Bordereau.

Dans tous les cas , toutes les autres pièces , comme embases , lacet à vis et écroux , gâches avec goujons à vis , support de poignée avec vis et écrou , etc. , et même , s'il y a lieu , les crochets d'agrafes , seront compris dans le prix du mètre courant.

Il devra y avoir au moins un renfort ou embase et trois lacets à vis et écroux par chaque espagnolette de la plus petite longueur.

Ce ne sera que dans les remplacements partiels que l'on paiera séparément les pièces mises en place.

Art. 226.

Equerres pour Croisées.

Les équerres seront conformes au modèle , tant pour la force du fer que pour le travail. Elles seront posées avec entailles dans les bois , fixées par des vis et limées pour affleurer exactement la surface.

Elles seront payées au mètre courant, toutes fournitures et main-d'œuvre comprises.

Art. 227.

Fiches, Charnières, Verroux , Targettes , Loqueteaux, etc.

Tous ces objets pourront être de quincaillerie , pourvu qu'ils proviennent des meilleures fabriques , qu'ils soient de première qualité et conformes aux modèles déposés au bureau.

Ils seront payés mis en place avec toute fourniture de clous ou vis à bois et toute rivure , mais non compris les scellements , lorsqu'il y aura lieu d'en faire.

Art. 228.

Boulons, Crochets et Pitons à Vis, Vis à Bois.

Ces objets seront payés à la pièce , aux prix du Bordereau , suivant leur longueur. Les grosseurs seront proportionnées aux longueurs , selon ce qui est indiqué au Bordereau.

Si le chef du Génie prescrivait la fourniture de quelques objets non compris au Bordereau, ils seraient payés comme dépense sèche ou ajoutés au Bordereau comme prix d'estimation , d'après le cours du commerce.

La pose de ces objets pourra quelquefois être payée à part, lorsqu'ils seront fournis et mis en place isolément et indépendamment de tout autre travail. Mais ce paiement n'aura jamais lieu, non-seulement lors de la fourniture d'une pièce de serrurerie qui comporte la mise en place, auquel cas la fourniture même des vis ou boulons est comprise dans le prix de la pièce , mais pas même dans le cas de réparation où l'Officier du Génie jugerait qu'il y a lieu de payer séparément la fourniture des vis , boulons , etc. ; leur pose est alors comprise dans la repose de la pièce , après réparation.

Lorsqu'il y aura lieu de payer à part la pose de ces objets , elle sera faite à l'économie.

Art. 229.

Pointes , Clous , Chevilles.

Les pointes , clous , chevillettes, seront des meilleures qualités des fabriques indiquées au Bordereau. Les prix du Bordereau sont fixés d'après les usages du commerce au kilogramme ou au cent ; ils ne comprennent que la fourniture.

Art. 230.

Rivures.

Le Bordereau comprend un prix pour les rivures faites isolément en réparation aux fourneaux, marmites, grilles , etc. Ce prix ne sera jamais appliqué aux ouvrages neufs.

Art. 231.

Sonnettes.

Les sonnettes seront en bronze et du poids fixé aux articles du Bordereau ; elles seront garnies de leurs ressorts et l'entrepreneur en sera payé à la pièce, pose comprise. Les équerres de mouvement seront en cuivre et payées également à la pièce , pose comprise. Le fil de fer employé aux mouvements de sonnettes sera du Nº 12 ; l'entrepreneur en sera payé au mètre courant mis en place. Quant au percement des murs et des poutres , ce travail sera toujours fait à l'économie.

Art. 232.

Poulies.

Les poulies en cuivre employées pour mouvements de portes ou de châssis, seront en cuivre; elles auront 0 m 06 de diamètre et pèseront environ 0 k. 100 ; elles seront garnies de leurs chapes en fer, et l'entrepreneur en sera payé à la pièce, pose comprise·

CHAPITRE 9.

FERBLANC, ZINC, PLOMB, CUIVRE ET BRONZE, ET OUVRAGES DIVERS
AUX POMPES ET AUX TUYAUX DE CONDUITE.

ART. 233.

Conditions générales. Les fers blancs, zinc, plomb, cuivre, étain et autres métaux fournis ou employés par l'entrepreneur seront de la meilleure qualité, bien épurés et bien doux, ni graveleux, ni terreux, sans crevasses ni soufflures.

ART. 234.

Soudure. La soudure sera composée pour les ouvrages de ferblanterie de parties égales de plomb et d'étain fin. Pour les ouvrages en zinc, la proportion de plomb pourra être augmentée sans inconvénient jusqu'à près de deux tiers du poids total. On n'a cependant porté qu'un seul prix au Bordereau, parce que la soudure de zinc est plus difficile.

₂ 1er — Ferblanterie.

ART. 235.

Cheneaux et Tuyaux de descente en Ferblanc. On n'emploiera pour les cheneaux et tuyaux de descente en ferblanc, que du ferblanc terne tiré des meilleures fabriques, dont les feuilles, de 0m 325 (12 pouces) sur 0m 243 (9 pouces), pèsent au moins deux hectogrammes et demi. Les feuilles seront ployées en long ou en travers, selon qu'il sera ordonné, et proprement soudées. Les cheneaux porteront sur le devant un ourlet d'un centimètre de diamètre, contenant une baguette en fer. On les enduira des deux côtés de deux couches de peinture à l'huile. Ils seront supportés par des corbeaux en fer, espacés de mètre en mètre, et fixés aux chevrons ou scellés dans le mur. Les cheneaux seront payés au mètre courant mis en place, y compris le fil de fer; mais la peinture et les fers des corbeaux seront payés séparément.

Les tuyaux de descente ne pourront être peints qu'à l'extérieur. Ils seront retenus par des colliers en fer, scellés dans les murs et espacés de 2 en 2 mètres.

Les tuyaux de descente seront payés au mètre courant mis en place, y compris les scellements, mais non la peinture et les fers des colliers.

ART. 236.

Couvertures en Ferblanc Les portions de couvertures qui pourront être commandées en ferblanc, seront également en feuilles ternes des plus grandes dimensions que l'on pourra se procurer ; elles seront soudées avec beaucoup de soin ; et si l'on est obligé de les fixer sur les bois au moyen de clous, les têtes de clous seront enveloppées d'un morceau en ferblanc et soudées à la couverture, afin d'empêcher l'eau d'y pénétrer.

ART. 237.

Réparations. Les feuilles de ferblanc employées à réparer, soit les couvertures, soit les cheneaux et les tuyaux de descente, seront payées à la pièce. Les cheneaux et tuyanx démontés, redressés, ressoudés et remis en place, le seront au mètre courant.

18

₴ 2. — **Ouvrages en Zinc.**

ART. 238.

Cheneaux en Zinc.

On emploiera pour les cheneaux le zinc N° 16, ayant 1 millimètre d'épaisseur et pesant environ 8 kilogrammes le mètre carré. Ils seront faits de parties ayant au moins 6 décimètres de longueur, et ils auront la forme qui sera prescrite par l'Officier du Génie, portant au bord extérieur un ourlet de 1 centimètre de diamètre contenant le fil de fer. Ils seront supportés par des corbeaux en fer, placés, autant que possible, à la rencontre des feuilles, et fixés solidement aux chevrons de la toiture ou scel-lés dans le mur. Les cheneaux seront payés au mètre courant mis en place, y compris le fil de fer, mais non compris le fer des corbeaux.

ART. 239.

Tuyaux de descente en Zinc.

On pourra se contenter pour les tuyaux de descente, surtout quand ils seront d'un petit diamètre, du zinc N° 13, ayant 0 m 0008 d'épaisseur et pesant environ 6 kilo-grammes le mètre carré. Ils seront faits également de parties ayant au moins 6 décimètres de longueur, et du diamètre prescrit par l'Officier du Génie, proprement soudés, et retenus au mur par des colliers en fer de 2 en 2 mètres. Ils seront payés au mètre courant mis en place, mais non compris les colliers.

ART. 240.

Couvertures en Zinc.

S'il y a lieu de faire exécuter des couvertures en zinc, le système à employer sera arrêté par le Chef du Génie, et le travail sera fait, soit par l'entrepreneur à l'économie ou à prix d'estimation, soit par tout autre fabricant d'ouvrages en zinc, et payé alors comme dépense sèche.

₴ 3. — **Plomberie.**

ART. 241.

Couvertures et Tuyaux.

Le plomb à employer en nappe devra avoir été coulé sur pierre ou sur toile, et non laminé.

Les tuyaux pour conduites d'eau seront éprouvés à l'eau, soit en frappant sur un bouchon, soit avec une vis de pression, afin de reconnaître les vices et de rebuter les tuyaux qui n'auront pas la bonté requise.

La fourniture des plombs, soit en nappe, cuvettes ou tuyaux coulés, sera payée au kilogramme, conformément aux prix du Bordereau, auxquels on ajoutera les prix des clous et agrafes que peuvent nécessiter les couvertures, et des colliers et scellements pour la pose des tuyaux et autres ouvrages.

₴ 4. — **Ouvrages en Cuivre et en Bronze.**

ART. 242.

Cuivre laminé.

Le cuivre laminé employé pour couvertures, cuvettes, vases, récipients, et pour tuyaux de petit diamètre et autres ouvrages de sujétion, sera payé au kilogramme (*non compris le fer et le plomb qui peuvent y être attachés*), suivant les prix fixés par le Bordereau, en raison de la difficulté du travail.

ART 243.

Bronze.

Tous les ouvrages en fonte verte seront faits de bon cuivre rouge, allié avec de l'étain fin, aux différents degrés d'alliage que l'Officier du Génie prescrira, suivant la ductilité ou la dureté qu'il voudra obtenir ; il prescrira même l'alliage du plomb avec le cuivre et l'étain, lorsqu'il croira ce mélange nécessaire. Tout ouvrage en fonte verte qui n'aura pas la bonté, la solidité et la propreté ou le fini requis, sera rebuté, fût-il mis en place.

L'entrepreneur sera payé de ces ouvrages au kilogramme, conformément aux prix du Bordereau, en raison de leur sujétion.

₰ 5. — **Ouvrages divers aux Pompes et aux Tuyaux de conduite d'Eau.**

Art. 244.

Alésage de Soupapes et Robinets.

Lorsque l'Officier du Génie jugera que des soupapes de corps de pompe ou des robinets peuvent être alésés, l'entrepreneur sera tenu de faire exécuter cette réparation, dont il sera payé au prix fixé dans le Bordereau, y compris la dépose et la repose de l'objet réparé. La soudure ou toute autre fourniture sera payée à part.

Art. 245.

Piston de Pompe et Pièces diverses qui le composent.

Les sabots de piston seront en bois d'aulne de 10 à 12 centimètres de diamètre sur 0 m 25 centimètres de hauteur, jusqu'à la fourche en fer; ils seront garnis d'une bande de cuir de 10 à 12 centimètres de largeur, dont les bouts se recouvrant à sifflet sur 6 à 7 centimètres, seront cloués, ainsi que le bord inférieur de 30 à 35 clous étamés. La face extérieure de la garniture en cuir doit être un cylindre droit parfait.

Les remplacements de pistons, ceux de sabots de piston, de garniture en cuir, des ferrures, des clapets de piston et de cuirs de clapet, seront payés à la pièce, pose comprise.

Démontage et Remontage des Pompes.

Les démontages et les remontages de pompes seront faits à l'économie.

Art. 246.

Vis en Cuivre et Cuirs pour Platines.

On a porté au Bordereau des prix pour les vis et les cuirs de platine en remplacement. L'entrepreneur sera payé de ces fournitures à la pièce, pose comprise. Les rondelles en cuir seront coupées dans un bon cuir de semelles et refusées si le cuir n'est pas de la meilleure qualité.

Le prix porté au Bordereau est applicable aux grandes et aux petites rondelles.

CHAPITRE 10.

PEINTURES ET GOUDRONNAGE.

₰ 1er — **Peintures.**

Art. 247.

Matières et Peintures pour fournitures.

Les matières pour fournitures seront de la meilleure qualité.

Toutes les couleurs seront préalablement parfaitement broyées sur marbre à la molette.

Les peintures pour la détrempe seront préparées à l'eau chaude, avec le blanc d'Espagne et la colle de Flandre mise en quantité suffisante pour que la couche de peinture résiste bien au frottement et qu'elle ne puisse pas cependant s'écailler.

Pour les peintures à l'huile, les couleurs seront incorporées dans l'huile de lin rendue siccative au moyen de la litharge et convenablement coupée d'essence de térébenthine, suivant ce qui sera ordonné par l'Officier du Génie, conformément aux règles de l'art.

Les teintes seront données, soit avec des couleurs communes, telles que les ocres jaune et rouge, le charbon fin et léger, la terre d'ombre, etc.; soit en ajoutant à la céruse les couleurs fines, telles que la laque carminée, le vermillon, le jaune de chrôme, le bleu de Prusse, le vert de gris, etc.

Art. 248.

Ouvrages de Préparation. Les ouvrages de préparation seront faits suivant ce qui sera ordonné par l'Officier du Génie.

Grattage. Le grattage des murs ou bois unis ou avec moulures sera fait avec le plus grand soin, de manière à enlever toutes les anciennes peintures et mettre l'enduit à nu partout, sans en entamer la surface et en ménageant bien toutes les moulures et ornements.

Le grattage sur vieille peinture en détrempe sera fait à grande eau et les surfaces bien épongées après le travail.

Lessivage. Le lessivage des vieilles peintures à l'huile se fera avec une dissolution de potasse, selon l'usage du pays, ou mieux encore, au moyen de l'eau seconde concentrée, si les peintures étaient vernies, ou de l'eau seconde coupée, s'il n'y avait pas de vernis.

Rebouchages. Les rebouchages se feront à la colle pour recevoir les peintures en détrempe, et au mastic à l'huile sous les peintures à l'huile.

Encollage. Les encollages seront en bonne colle de Flandre et blanc d'Espagne appliqués à chaud sur toute surface à peindre à la détrempe. Il en sera habituellement appliqué deux couches.

Art. 249.

Peintures en Détrempe. La peinture en détrempe sera appliquée chaude comme les encollages, couchée le plus uniment possible et assez épaisse pour qu'une couche de teinte puisse toujours suffire pour couvrir entièrement et uniformément la surface.

Il sera néanmoins appliqué plusieurs couches, si cela est ordonné par le chef du Génie.

Les carreaux et parquets neufs ou vieux, lorsqu'ils seront mis en couleur, seront ensuite recouverts d'un encaustique à la cire et frottés. La couche de peinture à l'ocre rouge ou jaune et à la colle forte sera appliquée chaude. Sur cette première couche bien sèche, il en sera appliqué une seconde, composée de moitié teinte à la colle et moitié encaustique de cire et tartre dissous dans l'eau; cette couche sera appliquée froide. La troisième couche sera appliquée froide aussi et d'encaustique pur. C'est sur la troisième couche, lorsqu'elle sera bien sèche, qu'aura lieu le frottage qui devra être fait au moins à trois reprises et donner une surface bien unie et bien luisante.

Tout ce travail sera payé au mètre carré, tout compris.

Art 250.

Peintures à l'Huile. On ne mettra pas d'encollage sous les peintures à l'huile.

La première couche sera toujours en blanc à la céruse, et peu chargée de céruse pour que l'huile puisse mieux pénétrer les enduits ou les bois. Cette première couche sera appliquée sur les bois de toute espèce, dès que l'Officier du Génie aura visité et reçu le travail de menuiserie, et avant que les bois soient mis en place et que l'on y ait placé les ferrures.

Les autres couches seront placées chacune dès que la précédente sera bien sèche. On choisira, pour appliquer les peintures, un temps sec, et l'on fera le travail à couvert et à l'abri de la poussière.

Art. 251.

Mesurage des Peintures. Les peintures préparées et prêtes à être employées seront payées au kilogramme. Les ouvrages de peinture seront payés au mètre carré, déduction faite des vides, et en développant les épaisseurs. Le développement des moulures ne sera compté que lorsque la saillie sur le nu des murs ou boiseries excédera quatre centimètres.

Pour simplifier le mesurage de la peinture des croisées à petits bois, on comptera pour tout le travail sur les deux côtés une seule face comme pleine, pour les châssis de croisée à grands carreaux ; une face et un tiers, pour les croisées à petits bois, et pour les persiennes on comptera trois fois leur surface.

Les épaisseurs étant comprises dans cette évaluation, on ne mesurera que la surface réelle.

Ce mesurage comprend la peinture des ferrements et espagnolette de la croisée en même couleur que celle appliquée sur le bois.

Les peintures des grillages en fil de fer ne seront comptées que sur une face.

La peinture des lettres ou chiffres moulés simples sera payée à la pièce.

§ 2. — **Goudronnage.**

Art. 252.

Bitume et Mastic Bitumineux. Le bitume et le mastic bitumineux que l'on emploiera pour les goudronnages seront pris chez MM. Fouques et Arnoux. Le bitume devra provenir de Dax.

Art. 253.

Goudronnage au Mastic Bitumineux mêlé de Bitume. Le goudronnage sur les baquets des latrines ou sur toute espèce de bois sera fait avec un mélange, par moitié en poids de mastic et de bitume pur. La matière sera portée au degré de l'ébullition, et l'on aura soin de la bien remuer, tant pour éviter de la brûler que pour obtenir un mélange bien fondu et parfaitement homogène. Elle sera appliquée et étendue ensuite à chaud avec un gros pinceau ; puis, pour la faire pénétrer dans les pores de l'objet à goudronner, on promènera sur la surface une spatule en fer que l'on aura soin de tenir chaude. Toutefois, on devra éviter de brûler la matière avec cette spatule.

Les corps sur lesquels se fera l'applicage devront être préalablement purgés de toute espèce d'humidité et de toute poussière.

L'entrepreneur en sera payé au mètre carré, toutes fournitures comprises.

CHAPITRE 11.

VITRERIE.

Art. 254.

Verres. Les verres qui seront employés pour tous les ouvrages, soit neufs, soit en réparation, devront être de la première qualité, bien blancs et clairs, sans boudines, bouillons, soufflures ni taches.

Ils seront partagés en deux espèces : le verre simple, qui devra avoir plus d'un millimètre d'épaisseur, et le verre double, qui devra avoir plus de 2 millimètres d'épaisseur. Ces épaisseurs seront rigoureusement obligatoires ; et si l'entrepreneur laissait introduire par ses ouvriers quelque feuille de verre simple de $0^m 001$ ou au-dessus, ou quelque feuille de verre double de $0^m 002$ ou au-dessous, ces verres seraient refusés et pourraient être brisés, sans que l'entrepreneur eût rien à réclamer, et l'Officier ferait déposer aux frais de l'entrepreneur tous les carreaux déjà posés , et pour lesquels l'épaisseur n'aurait pas été spécialement mesurée.

ART. 255.

Mastic.

Le mastic sera fait de trois parties de blanc de céruse et de quatre de blanc d'Espagne, bien broyées et mélangées avec un peu de litharge et de l'huile de lin , en quantité suffisante pour en former une pâte onctueuse et ferme.

ART. 256.

Vitrerie en œuvre.

Les carreaux de verre seront coupés justes suivant les places qu'ils devront occuper ; ils seront retenus par quatre, six ou huit pointes, suivant leurs dimensions , et garnis de mastic, qui sera pressé et ciré au couteau jusqu'à ce qu'il soit bien ferme , bien lisse et sans gerçure.

Les carreaux de verre neuf, mis en place , toute fourniture et main-d'œuvre comprises , seront payés au mètre carré, à des prix différents et suivant l'épaisseur. Ils seront partagés en outre, pour chaque épaisseur, en deux classes , d'après leur grandeur. La première classe comprendra tous les carreaux petits et moyens jusqu'à *vingt décimètres* carrés (0 m 20) de superficie ; la seconde classe comprendra les grands carreaux au-dessus de *vingt*, et jusqu'à *trente-huit décimètres* carrés de superficie.

Lorsque des carreaux neufs seront placés en recherche , il devra être passé une couche de peinture dans la feuillure. Ces carreaux seront payés au mètre carré, suivant leur épaisseur et leur classe , et il sera en outre alloué une plus value pour chaque carreau lorsqu'il ne s'en trouvera pas plus de cinq à remplacer à une même croisée.

ART. 257.

Ouvrages sur Verre à l'État.

Les nettoyages de carreaux seront pareillement payés à la pièce, suivant la classe du carreau et suivant qu'il était sali de peinture à l'huile ou de toute autre matière quelconque.

Le remasticage sur place, y compris le démasticage préalable , sera payé au mètre courant, avant le remasticage ; il sera toujours appliqué dans la feuillure, avec couche de peinture à l'huile.

Dans tous ces ouvrages sur verre à l'État , l'entrepreneur répondra de la casse , et remplacera en verre neuf les carreaux qui auraient été cassés par les ouvriers.

ART. 258.

Canevas.

La toile à canevas que l'on emploiera devra être de la première qualité ; elle sera clouée sur les châssis en bois, avec des clous à large tête , sous lesquels on placera un ruban de fil formant bordure. L'entrepreneur en sera payé au mètre carré , pose et toutes fournitures comprises. Les châssis en bois seront payés à part.

CHAPITRE 12.

MEUBLES ET USTENSILES.

ART. 259.

Guérites avec Patins.

Les guérites mesurées hors d'œuvre auront 0 m 75 en carré. La hauteur d'entrée sera de deux mètres dans œuvre.

Toute la charpente du bâtis sera en bois de chêne raboté. Les quatre semelles assemblées à mi-bois auront 1ᵐ 35 de longueur, et 0ᵐ 12 sur 0ᵐ 12 d'équarrissage. Les montants, les traverses et les pièces de la toiture auront 0ᵐ 06 sur 0ᵐ 06 d'équarrissage.

La toiture sera à deux pans, en planches de sapin du Nord de 0ᵐ 03 d'épaisseur, clouées sur trois chevrons à joints plats.

Les planches de couverture dépasseront le pignon au-dessus de l'entrée de 0ᵐ 15, et le pignon de derrière de 0ᵐ 08; elles seront recouvertes en zinc Nᵒ 13, de 0ᵐ 0008 d'épaisseur.

Les cloisons formant les murailles seront en planches de sapin du Nord de 0ᵐ 03 d'épaisseur, rabotées sur les deux faces, assemblées à rainures et languettes, et clouées sur les traverses. Le plancher du fond sera également en planches de sapin du Nord de 0ᵐ 03 d'épaisseur, assemblé à rainures et languettes.

Les deux créneaux à faire sur les murailles latérales seront garnis de vasistas à l'intérieur. On placera dans la muraille du fond une forte cheville porte-manteau.

Les guérites seront peintes extérieurement d'une couche en blanc de céruse et de deux couches en vert olive à l'huile.

Les guérites seront payées à la pièce, toutes fournitures, main-d'œuvre et peinture comprises ; mais non compris les équerres en fer qui pourraient être ordonnées.

Elles seront livrées en magasin. Les transports d'un lieu à un autre seront ensuite payés, y compris la pose, à deux prix différents, selon que la distance sera de plus ou de moins de 500 mètres.

Guérites sans Patins. Comme les rues de Toulouse sont généralement très-étroites, il est nécessaire d'avoir dans la place quelques guérites sans patins, destinées à être placées aux portes des fonctionnaires militaires ; elles seront appuyées contre les murs et retenues par des pattes en fer ; elles ne diffèrent des pièces autres que par la suppression des patins.

Art. 260.

Tables. Les tables de caserne et de corps de garde auront 2 mètres de longueur, 7 décimètres de largeur et 8 décimètres de hauteur. Le dessus qui aura 0ᵐ 05 d'épaisseur sera assemblé à rainures et languettes et avec trois clés chevillées dont les deux extrêmes seront à 0ᵐ 30 centimètres des bouts de la table. Les quatre pieds de 0ᵐ 08 sur 0ᵐ 08 d'équarrissage, seront réunis par le haut par quatre traverses de 0ᵐ 08 de hauteur sur 0ᵐ 05 d'épaisseur, et dans le bas, par deux petites traverses et une entretoise du même équarrissage ; le tout en bois de chêne à vive arête, sans aubier, proprement et solidement assemblé, à tenons et mortaises, et raboté sur toutes les faces.

Elles seront payées à la pièce.

Art. 261.

Bancs. Les bancs auront 2 mètres de longueur, 28 centimètres de largeur et 45 centimètres de hauteur. Ils seront en bois de chêne de 0ᵐ 05 d'épaisseur, montés sur quatre pieds de 6 centimètres sur 4 d'équarrissage, réunis deux à deux par deux traverses et par une entretoise de même grosseur, le tout en bois de chêne à vive arête, sans aubier, assemblé à tenons et mortaises et raboté sur toutes les faces.

L'entrepreneur en sera payé à la pièce.

Art. 262.

Râteliers à Armes verticales. Les râteliers d'armes seront composés d'une tablette en bois de chêne, entaillée sur sa face supérieure de formes pour recevoir les crosses des fusils, et d'une tringle aussi en chêne , entaillée sur une face verticale , pour recevoir les canons des fusils.

La tablette inférieure aura 0m 15 de largeur sur 0m 054 d'épaisseur ; les formes des crosses y seront espacées de 0m 10 de milieu en milieu. Elle sera placée à 1m 00 au-dessus du sol , séparée du mur de 0m 03 et supportée par des consoles en fonte suspendues à des crochets scellés dans le mur et sur chacune desquelles elle sera fixée par un boulon avec écrou.

La tringle supérieure aura 0m 08 sur 0m 04. Les entailles pour les canons de fusils , espacés de 0m 10 correspondront aux formes de la traverse inférieure. La tringle sera à 1m 00 au-dessus de la tablette, séparée du mur de 0m 25 et supportée par des consoles en fonte suspendues à des crochets scellés dans le mur et sur chacune desquelles elle sera fixée par un boulon avec écrou. Les râteliers seront payés au mètre courant mis en place , non compris les ferrures qui seront payées à part.

Art. 263.

Consoles en Fonte pour Tablettes et Tringles de Râteliers d'Armes. Les consoles en fonte de la tablette et de la tringle seront conformes au modèle déposé au bureau du Génie. Elles seront payées selon l'espèce de fonte.

Art. 264.

Planches à Pain. Les planches à pain seront en bois de sapin de Lyon ou du nord , de 3 à 4 centimètres d'épaisseur , selon la commande. Elles auront 0m 30 ou 0m 60 de largeur , suivant les lieux où elles seront placées et généralement 2m 00 de longueur.

On les suspendra à 2m 00 au dessus du sol au moyen de tringles en fer qui s'accrocheront à des anneaux fixés au plafond et qui seront fixés après la planche au moyen d'un écrou à vis.

Lorsque les planches auront 0m 60 de largeur , elles pourront être faites de deux largeurs de planches , lesquelles seront assemblées à rainures et languettes et consolidées au moyen de traverses en fer qui seront placées sous les tiges de suspension.

Les planches à pain seront payées suivant le genre de travail , comme menuiserie , ferronnerie , serrurerie.

Art. 265.

Planches à Bagage. Les planches à bagages ou tablettes à la tête des lits dans les casernes pour l'infanterie, seront en bois de sapin de 30 centimètres de largeur sur 4 centimètres d'épaisseur. Elles seront placées , la face supérieure à 1m 90 au-dessus du sol et distantes du mur de 3 centimètres. Elles seront portées par des consoles en fonte conformes au modèle déposées au Bureau du Génie, et fixées sur chaque console par deux boulons à vis et écroux.

Au-dessus de l'emplacement de chaque lit, l'on fixera sous la tablette , et la dépassant de 3 centimètres , quatre crochets à souliers conformes au modèle et espacés entr'eux de 14 centimètres.

Dans l'intervalle des lits , on fixera à la tablette un crochet porte-giberne pour chaque lit. Ces crochets , en fer et conformes au modèle , seront espacés entr'eux de 0m 26 , lorsque les lits étant accolés deux à deux , la ruelle servira pour deux lits.

Les planches à bagages seront payées suivant le genre de travail comme menuiserie , ferronnerie , serrurerie.

Art. 266.

Ameublement des chambres pour la Cavalerie. L'ameublement des chambres pour la cavalerie , lorsqu'il différera de celui des chambres pour l'infanterie , sera payé d'une façon analogue et suivant le genre de travail , comme menuiserie , ferronnerie , serrurerie ou quincaillerie.

Art. 267.

Chevilles pour Porte-Manteaux.

Ces chevilles seront de bois dur ; elles auront 0 m 15 de longueur ; elles seront proprement tournées et solidement fixées sur des liteaux en bois de chêne. L'entrepreneur en sera payé à la pièce, pose comprise. Les liteaux seront payés à part.

Art. 268.

Mangeoires d'Écurie.

Lorsque les mangeoires seront faites en bois, elles seront faites de trois madriers de chêne de 0 m 05 d'épaisseur. La face antérieure aura une inclinaison en surplomb du cinquième par rapport à la verticale. L'arête supérieure de cette face sera de 1 m 10 de hauteur au-dessus du sol.

Le vide de la mangeoire sera de 20 centimètres de profondeur, 30 centimètres de largeur dans le haut et 24 dans le bas.

Les madriers du devant et du derrière seront entaillés à mi-bois sur leur épaisseur pour s'assembler avec le madrier du fond, et seront en outre fortement cloués sur ce madrier.

Ce modèle de mangeoire sera payé au mètre courant mis en place, mais non compris les ferrures et scellement, ni les corbeaux en bois, en fer ou en pierre, les poteaux ou tous autres supports qui seraient ordonnés par le Chef du Génie.

La tôle, le fer ou la fonte pour garnir le devant des mangeoires, seront également payés à part.

Les séparations en planches dans la mangeoire pour chaque cheval, seront aussi payées à part. Elles seront en planches de chêne de 0 m 03 d'épaisseur, coupées exactement suivant le vide de la mangeoire, et maintenues par des chanlattes clouées tant sur les madriers que sur la planche.

Art. 269.

Râteliers d'Écurie.

Les râteliers d'écurie seront formés de deux ridelles de 9 centimètres d'équarrissage, espacées de 0 m 65, et réunies par des fuseaux ou roulons de 0 m 04 de diamètre. Il y aura huit fuseaux par mètre courant.

Les râteliers seront posés inclinés, la ridelle inférieure appuyée contre le mur, la ridelle supérieure éloignée de 0 m 40, et la ligne des pieds des fuseaux à 0 m 50 au-dessus de la mangeoire.

Ils seront maintenus au moyen de corbeaux en fer embrassant la ridelle inférieure, et de liens embrassant la ridelle supérieure et scellés dans les murs. Ces supports seront distants les uns des autres de 2 m 00 à 2 m 50 au plus.

Les râteliers seront payés au mètre courant, y compris les corbeaux et liens en fer, la mise en place et les scellements.

Art. 270.

Bat-Flancs.

Les bat-flancs de séparation pour les chevaux dans les écuries seront en bois de sapin du Nord. Ils auront 2 m 45 de longueur, 0 m 46 de largeur et 0 m 05 d'épaisseur. Ils se composeront de deux madriers assemblés à rainures et languettes, et par une clé en chêne placée au centre. Ils seront maintenus à chacune de leurs extrémités par une armature en fer placée obliquement, et qui sert en même temps pour attacher l'appareil, d'une part à la mangeoire, et d'autre part au système de suspension.

Le madrier inférieur est arrondi à son extrémité antérieure suivant un arc de cercle de 0 m 20 à 0 m 05 de rayon, et beaucoup moins à son extrémité postérieure.

Enfin, sur environ 1 m 20 de long, du côté de la mangeoire, le dessus du bat-flanc est garni d'une bande plate de fer de 5 millimètres d'épaisseur, dont les arêtes sont abattues. Cette bande de fer est fixée sur le madrier par neuf vis à bois à tête fraisée de

0 ^m 05 de longueur, et maintenue à son extrémité par une fourche en fer affleurant les faces du bat-flanc et fixée par un rivet.

Les armatures en fer embrassent les deux madriers sur toute leur hauteur ; elles sont encastrées dans le bois, et leurs deux faces sont reliées par quatre rivets traversant ces madriers. Elles sont surmontées d'un anneau, et elles auront 4 centimètres de largeur et 5 millimètres d'épaisseur.

L'entrepreneur en sera payé à la pièce, y compris la pose et la fourniture de toutes les ferrures détaillées ci-dessus.

Le Bordereau renferme un prix pour les bat-flancs en remplacement, qui comprend la dépose et repose des ferrures, et la fourniture des rivets et des vis. Pour les autres ferrures, s'il y a lieu de les remplacer, elles seront pesées et payées au prix du fer de troisième espèce.

ART. 271.

Esses, Pitons et crochets à vis, Anneaux de Bascule, Anneaux d'Attache et Pitons à pointe et à scellement.

Tous les objets compris dans cet article seront de la forme et des dimensions usitées dans la place, l'entrepreneur en sera payé à la pièce, pose comprise, aux prix du Bordereau.

Les pitons à scellement pour anneaux d'attache auront 0 ^m 20 de longueur. Le scellement est compris dans le prix porté au Bordereau.

ART. 272.

Chaînes d'Attache.

Les chaînes d'attache seront faites avec des chaînes en fil de fer du N° 24, à maillons tordus conformes au modèle déposé au Bureau du Génie. Elles seront garnies à une extrémité d'un anneau en fer rond de 0 ^m 012 de diamètre, et à l'autre extrémité d'un T. Chaque chaîne ainsi complétée aura 0 ^m 65 de longueur. Elles seront payées à la pièce, pose comprise, au prix fixé dans le Bordereau.

Le Bordereau contient en outre des prix pour des anneaux, des maillons de chaîne ou des T en remplacement.

ART. 273.

Rouleaux et Bascules.

Les rouleaux destinés à servir d'enveloppe aux cordes de suspension des bat-flancs seront en bois d'orme ou d'aulne. Ils auront 0 ^m 55 de longueur et 0 ^m 08 à 0 ^m 10 de diamètre. Ils seront proprement tournés, percés dans toute leur longueur et payés à la pièce, pose comprise, aux prix portés au Bordereau.

Les bascules seront en bois d'orme, du modèle adopté dans la place, et payées à la pièce, mises en place.

ART. 274.

Coffre à Avoine.

Le coffre à avoine sera de la contenance de 320 rations, afin de pouvoir suffire à recevoir la distribution de quatre jours pour une batterie à cheval et deux batteries montées. Le coffre aura dans œuvre 1 ^m 00 de hauteur 1 ^m 00 de largeur et 2 ^m 80 de longueur.

Les parois verticales du coffre seront en menuiserie à panneaux dont les bâtis seront en planches de chêne de 0 ^m 05 d'épaisseur, les traverses auront 0 ^m 12 à 0 ^m 15 de largeur et les montants 0 ^m 10 seulement. Les panneaux seront en bois de sapin du Nord de 0 ^m 03 d'épaisseur arrasés intérieurement.

Les traverses supérieures et inférieures des parois, ainsi que celles du milieu, s'assembleront à tenons et mortaises dans les poteaux montants en chêne de 0 ^m 10 d'équarrissage et de 1 ^m 15 de longueur.

Les trois traverses destinées à supporter le fond ou le plancher du coffre seront également en planches de chêne de 0 ^m 05 d'épaisseur et 0 ^m 10 à 0 ^m 12 de largeur ;

elles seront placées de champ et assemblées à queue d'hironde dans les traverses inférieures des parois.

La traverse supérieure recouvrant la cloison de séparation sera aussi en chêne, des mêmes dimensions que les traverses du fond; elle sera posée à plat et assemblée à queue d'hironde dans les traverses supérieures des parois verticales du coffre.

Le fond du coffre sera en planches de sapin du Nord 0 m 03 d'épaisseur, assemblées à rainures et languettes, clouées sur les traverses de champ et s'engageant de toute leur épaisseur dans une rainure de 2 centimètres de profondeur pratiquée dans les traverses inférieures des parois.

Le dessus du coffre sera fait en trois parties en planches de sapin du Nord de 0 m 03 d'épaisseur, assemblées à rainures et languettes et maintenues à leurs extrémités par des emboîtures en chêne de même épaisseur et de 0 m 10 de largeur. La partie postérieure aura 0 m 35 de largeur et sera fixe, les deux parties antérieures seront égales et mobiles.

Tous les bois du coffre seront rabotés sur toutes leurs faces et devront avoir rigoureusement les épaisseurs fixées ci-dessus après avoir été travaillés.

Une porte, pour chaque compartiment, sera pratiquée dans la face du devant afin de pouvoir atteindre au fond du coffre lorsqu'il commence à se vider; elle aura 0 m 80 de largeur et 0 m 40 de hauteur. Les pentures de ces portes ainsi que celles des parties mobiles du couvercle seront à charnières; elles auront 0 m 70 de longueur, 0 m 04 de largeur et 0 m 006 d'épaisseur. Les nœuds auront 0 m 018 de diamètre. Les branches seront placées intérieurement, entaillées et fixées au moyen de vis à bois. Un crochet et un tourniquet placés à l'intérieur sont destinés à tenir les portes fermées. Enfin chaque partie mobile du couvercle sera garnie d'une auberonière de 0 m 35 de développement, de 0m 04 de largeur et de 0m 006 d'épaisseur, qui sera entaillée dans la face intérieure du couvercle et fixée par des vis à bois, et d'un cadenas à gibecière et à chiffre de 0m 07 de largeur.

L'entrepreneur sera payé de ce coffre à avoine, y compris les ferrures détaillées ci-dessus et la mise en place, suivant le prix établi au Bordereau.

Art. 275.

Les mesures à avoine seront faites en planches de chêne ou de châtaignier de 0m 02 d'épaisseur, proprement travaillées sur toutes leurs faces et assemblées à queue d'hironde sur les côtés qui seront verticaux et angles droits. Leur fond sera assemblé par embrèvement, et un liteau également en chêne, affleurant la partie supérieure, sera cloué sur les quatre faces de la mesure. Les dimensions sujettes à quelques variations seront données suivant les cas.

Elles seront payées à la pièce.

Art. 276.

Les augets pour faire barboter les chevaux seront en planches de chêne ou de châtaignier de 0m 028 d'épaisseur, bien saines, sans nœuds et proprement rabotées. Ils auront 0 m 70 à 0 m 80 de longueur; le fond aura dans œuvre 0 m 18 de largeur, il s'assemblera par embrèvement dans les côtés, qui s'assembleront entr'eux à queue d'hironde et iront en s'écartant, de manière qu'au plan supérieur, la largeur du devant au derrière soit de 0 m 24 dans œuvre et que l'auget puisse se loger dans la mangeoire. Leur hauteur dans œuvre sera de 0 m 18, et sur les petits côtés, des taquets fixés chacun par trois vis à bois de 0 m 05, serviront à les saisir.

L'entrepreneur sera payé de l'auget non ferré, à la pièce au prix du Bordereau. Les ferrures, s'il y a lieu, seront payées à part.

Art. 277.

Seaux.　Les seaux seront faits en bois de chêne ou de châtaignier, ayant au moins 2 centimètres d'épaisseur. Ils auront au moins 3 décimètres de hauteur, autant de diamètre dans œuvre pour le haut et 25 centimètres pour le bas. Le fond sera renforcé d'une traverse en bois maintenue par une bande de fer engagée sous le cercle inférieur. Ils seront ferrés de trois cercles de 3 centimètres de largeur et 3 millimètres au moins d'épaisseur. Le cercle supérieur affleurera les douves afin de les garantir des chocs. Les pitons de l'anse passés sous les cercles seront repliés sur le cercle inférieur et seront fixés avec des rivets au cercle supérieur.

L'anse en fer forgé pèsera au moins un kilogramme; elle portera un piton pour passer la chaîne ou la corde.

L'entrepreneur en sera payé à la pièce, ferrures comprises.

Les douves et les fonds en remplacement seront également payés à la pièce.

Art. 278.

Baquets de Latrines.　Les baquets de latrines seront en bois de chêne ou de châtaignier de 2 centimètres d'épaisseur; ils auront $0^m 50$ de hauteur, $0^m 45$ de diamètre hors œuvre dans le bas, et $0^m 35$ de diamètre dans le haut. Ils seront ferrés de trois cercles ayant $0^m 035$ de largeur et $0^m 003$ d'épaisseur, et de deux anses ou poignées fixées par des rivets au cercle du milieu et embrassant par des crochets le cercle supérieur.

Le couvercle sera en planches de chêne ou de châtaignier de $0^m 041$ d'épaisseur, en une seule pièce, portant une feuillure de $0^m 02$ centimètres, de manière que le couvercle couvre exactement le baquet dans lequel il entrera dans la moitié de son épaisseur. Il sera garni d'une poignée en fer.

Ces baquets, avec ou sans couvercle, seront payés à la pièce aux prix du Bordereau, ainsi que les couvercles, les douves et les fonds en remplacement.

Art. 279.

Civières et Brouettes.　Les civières seront entièrement en bois d'orme ou de frêne et sans ferrures. Les brancards auront $2^m 00$ de longueur, $0^m 05$ d'épaisseur et $0^m 09$ de largeur. Ils seront réunis par six traverses de $0^m 60$ de longueur dans œuvre, de $0^m 06$ de largeur et de $0^m 03$ d'épaisseur. L'intervalle des traverses sera de $0^m 08$.

Les bras, les pieds, la roue, et toutes les autres pièces du bâtis des brouettes seront en bois d'orme, de frêne ou de chêne. La roue aura $0^m 50$ de diamètre, sera cerclée en fer de $0^m 005$ d'épaisseur et de $0^m 055$ de largeur. Le moyeu sera traversé par un boulon à clavette en fer rond de $0^m 015$ de diamètre, et garni de quatre frètes en fer de $0^m 02$ de largeur et de $0^m 003$ d'épaisseur, dont deux seront placées aux extrémités et les deux autres au centre contre les raies de la roue, et de deux petites boîtes en fer placées intérieurement aux deux extrémités, pour empêcher que le boulon ne l'use promptement. Des carrés en forte tôle de $0^m 005$ à $0^m 006$ d'épaisseur, percés de trous pour le passage du boulon, seront encastrés tant intérieurement qu'extérieurement dans les faces des brancards, pour empêcher le boulon d'user promptement les deux trous des bras qu'il traverse.

Les bras auront $1^m 80$ de longueur, et auront $0^m 06$ sur $0^m 07$ d'équarrissage. Leur écartement dans œuvre au moyeu de la roue sera de $0^m 38$ et de $0^m 57$ à l'autre extrémité.

Les pieds auront $0^m 06$ de largeur et $0^m 05$ d'épaisseur. Ils s'assembleront au moyen d'entailles avec les bras, contre lesquels ils seront fixés au moyen d'un boulon en fer de 0m 01 de diamètre, traversant la brouette sous le plancher.

La caisse sera en bois blanc, peuplier ou saule, de 0m 02 d'épaisseur, et devra contenir au moins quatre centièmes de mètre cube.

L'entrepreneur en sera payé à la pièce, ferrures comprises, au prix fixé dans le Bordereau.

Art. 280.

Comportes. Les comportes seront faites en bois de chêne ou de châtaignier, et cerclées de trois cercles en fer de 0m 04 de largeur et de 0m 003 d'épaisseur. Deux poignées en fer fixées chacune par six rivets sur le cercle du milieu. Le bois des petites aura 2 centimètres d'épaisseur, et celui des grandes aura 25 millimètres d'épaisseur. L'entrepreneur en sera payé à la pièce, ferrures comprises.

Art. 281.

Arrosoirs. Les arrosoirs seront en ferblanc bien soudé. Ils auront 0m 36 de hauteur sur 0m 24 de rayon. Ils contiendront environ douze litres, seront garnis de leur pomme, peints à l'huile sur deux couches, et payés à la pièce.

Art. 282.

Pelles et Pioches. Les pelles et les pioches seront du meilleur fer, bien travaillées, sans défauts, et conformes aux modèles déposés au Bureau du Génie. Les pioches seront garnies d'acier aux deux bouts. L'entrepreneur en sera payé à la pièce, manche compris.

Le Bordereau contient en outre des prix pour les manches de pelle ou de pioche en remplacement. Ces manches seront en bois dur, sans nœuds ni défauts.

Art. 283.

Chevalets. Les chevalets pour scier le bois seront en chêne. Ils seront formés de deux croix de Saint-André, distantes de 0m 36 et reliés entr'elles par trois forts roulons. Les branches des croix auront 0m 72 de longueur sur 0m 041 d'épaisseur et 0m 08 de largeur. Elles seront assemblées à mi-bois à 0m 20 du bout supérieur. Ces chevalets seront payés à la pièce.

Art. 284.

Billots. Les billots à fendre le bois pour les cuisines seront des troncs d'arbres de bois dur, de 0m 60 à 0m 70 de hauteur, et de 0m 50 à 0m 60 de diamètre, qui devront être fixés dans le sol de manière à ne le dépasser que de 0m 20 à 0m 25. L'entrepreneur en sera payé à la pièce, pose comprise.

Si on demandait à l'entrepreneur des billots d'une moindre dimension, il serait tenu à les fournir et à les placer à un prix réduit proportionnellement au cube.

Art. 285.

Tous les meubles et tous les ustensiles désignés dans ce chapitre, et ceux portés au Bordereau des prix, seront confectionnés avec soin et solidité, et payés à la pièce. Ils seront marqués par l'entrepreneur et à ses frais : ceux en bois, au moyen de la lettre G et du millésime de l'année, appliqués au moyen d'un fer rouge dans les endroits les moins susceptibles de se détériorer ; ceux en fer, de la lettre G seulement.

CHAPITRE 13.

RAMONAGES.

Art. 286.

Ramonages.

Les ramonages se feront aux époques fixées par le Chef du Génie, et habituellement tous les mois pour les cheminées en service des cuisines communes, des cantines et pensions des casernes, et des fours de la manutention, et tous les trois mois pour les cheminées en service des chambres à feu de tous les bâtiments militaires.

L'entrepreneur n'emploiera pour ce travail que des hommes sûrs et éprouvés, et demeurera responsable des accidents qui pourraient être occasionnés par la négligence de ses ouvriers. Il fera exécuter le travail à l'heure précise qui lui sera indiquée par les Concierges ou les Gardes du Génie, heure qui aura été convenue par les Officiers de casernement des corps, ou avec l'Officier comptable des vivres, pour que le feu des cheminées soit éteint. Il remettra la suie qui proviendra des ramonages aux Caporaux ou Brigadiers désignés par l'Officier de casernement, ou bien à l'Officier comptable des vivres chargé par les instructions ministérielles de la remettre aux corps de troupes.

Les ramonages seront faits au fagot d'épines qu'un homme au haut de la cheminée et un autre en bas font, au moyen d'une corde, frotter sur toute la hauteur du tuyau.

Les ramonages seront payés à la pièce. Il y a un prix au Bordereau pour le ramonage d'une cheminée et un autre pour le nettoyage des tuyaux d'un fourneau de cuisine, y compris la dépose et la repose qui seront faites avec soin par un poélier-fumiste.

Pour qu'il soit constaté vis-à-vis des corps que les ramonages ont été faits et la suie remise, l'entrepreneur en demandera un certificat, soit à l'Officier de casernement, soit à l'Adjudant chargé de la police de la caserne.

Art 287.

Montage et Nettoyage des Poêles.

Il y a deux prix au Bordereau : l'un applicable dans le cas où le poêle est nettoyé sur place et remonté, et l'autre au cas où le poêle est démonté, nettoyé, rentré en magasin et repris pour être remonté dans les chambres. Dans les deux cas, le noircissage à la mine de plomb des poêles et des tuyaux n'est pas compris dans le prix.

Art. 288.

Débouchage et Rebouchage de Cheminées.

Pour ramoner quelques cheminées dans les bâtiments militaires, on est obligé de déboucher les cheminées ordinairement fermées par des cloisons. Le Bordereau contient un prix pour ce débouchage et rebouchage.

L'entrepreneur en sera payé à la pièce, toutes fournitures comprises.

CHAPITRE 14.

OBJETS DIVERS.

Art. 289.

Objets divers et Ustensiles.

Tous les objets compris dans le Bordereau, depuis le No 953 jusqu'au No 963 inclus, devront être de la première qualité et du premier choix.

Art. 290.

Les cordages de toute grosseur seront faits en fil carré de 2 à 3 millimètres de grosseur, de bonne filasse de chanvre, bien peignée. Ils seront payés au kilogramme au prix du Bordereau, suivant leurs dimensions.

Art. 291.

Tous les objets en terre cuite, tels qu'éviers, cannelles, tuyaux, seront en terre de Castelnaudary et du premier choix. L'entrepreneur en sera payé, soit à la pièce, soit au mètre courant, aux prix portés dans le Bordereau.

Pour les tuyaux, chaque coude sera compté comme un mètre courant de tuyau correspondant.

Toulouse, le 24 juillet 1851.

Le Chef de Bataillon du Génie en chef,

Signé, **DUCASSE.**

TABLE DES MATIÈRES.

Toulouse. Impr. Gibrac OUVRIERS REUNIS, rue St-Pantaléon, 5.

www.ingramcontent.com/pod-product-compliance
Lightning Source LLC
Chambersburg PA
CBHW050610210326
41521CB00008B/1188